비즈니스
영어회화 & 이메일
순간패턴
200

비즈니스 영어회화 & 이메일
순간패턴 200

초판 1쇄 발행 | 2018년 6월 25일
초판 9쇄 발행 | 2024년 1월 1일

지은이 | 박명수
발행인 | 김태웅
책임편집 | 안현진, 김현아
디자인 | 남은혜, 김지혜
마케팅 총괄 | 김철영
온라인 마케팅 | 김은진
제　작 | 현대순

발행처 | (주)동양북스
등　록 | 제 2014-000055호
주　소 | 서울시 마포구 동교로22길 14 (04030)
전　화 | (02)337-1737
팩　스 | (02)334-6624

ISBN 979-11-5768-388-8 18740

▶ 본 책은 저작권법에 의해 보호를 받는 저작물이므로 무단 전재와 복제를 금합니다.
▶ 잘못된 책은 구입처에서 교환해 드립니다.
▶도서출판 동양북스에서는 소중한 원고, 새로운 기획을 기다리고 있습니다.
　　http://www.dongyangbooks.com

이 도서의 국립중앙도서관 출판예정도서목록(CIP)은 서지정보유통지원시스템 홈페이지(http://seoji.nl.go.kr)와
국가자료공동목록시스템(http://www.nl.go.kr/kolisnet)에서 이용하실 수 있습니다.
(CIP제어번호: CIP2018012804)

박명수 저

동양북스

머리말

비즈니스 영어,
원어민들이 즐겨 쓰는 표현으로 익히세요!

　전 세계 인구가 76억을 넘어서고 있는 가운데, 그중 약 20%가 영어를 사용하고 있습니다. 이들 중 영어가 모국어인 네이티브 화자는 4억이 채 되지 않습니다. 즉, 대부분이 우리나라처럼 영어를 외국어로 배우고 사용한다는 의미입니다. 사실 모국어 사용자가 가장 많은 언어는 영어가 아니라 중국어이고, 영어는 중국어와 스페인어에 이어 3위를 차지하고 있습니다. 하지만 지식 공유와 상호 교류, 교역 등의 목적으로 가장 많이 사용되는 언어는 역시 영어입니다.

　우리나라가 최근 과학기술, 스포츠, 무역 등에서 전 세계적으로 두각을 나타내고 있는데, 그 매개 중 하나가 영어입니다. 영어는 또한 국내 기업의 국제적인 이미지 형성과 홍보에도 빠지지 않습니다. 더 나아가 글로벌 시대에 보다 핵심적인 역할을 수행하면서 비즈니스 기회를 지속적으로 창출하고 증대시키려면 영어 실무능력은 필수적입니다.

　그런데 우리의 영어 현실은 어떻습니까? 영어교재와 영어학원, 온라인 영어강좌 등이 넘쳐나고 있지만, 우리는 여전히 영어에 목말라하고 있습니다. 또한 매년 영어 교육에 15조 원 이상을 소비하고 있지만, 외국인들은 여전히 우리나라를 영어로 의사소통하기 가장 힘든 나라 중 한 곳으로 꼽고 있습니다.

　영어를 잘하기 위해서는 영어를 무작정 공부하기보다는, 자신의 목적과 필요에 맞는 영어를 선택해서 공부하고 사용해야 합니다. 비즈니스 영어는 특히 더 그렇습니다. 왜냐하면 비즈니스에 필요한 영어는 '돈을 쓰는 영어'가 아니라 '돈을 버는 영어'이기 때문입니다. 돈을 쓸 때는 상대방이 내 말을 이해하려고 노력하기 때문에 대강의 메시지만 전달해도 되지만, 돈을 벌 때는 정확하고 설득력 있는 영어를 구사해야 합니다. 자칫 잘못된 영어 표현으로 인한 업무 차질은 비즈니스 상황에서 막대한 손실로 이어질 수 있으니까요.

저는 지난 십여 년간 오로지 비즈니스 분야에서 사용할 수 있는 핵심적인 영어에 집중해 왔습니다. 국제회의에서 통역사로 활동하면서, 또 대학에서 비즈니스 영어를 강의하면서 비즈니스 상황에서 필요한 영어가 무엇인지를 찾아 왔고, 그것을 이 책에 담으려고 노력했습니다. 이 책은 실제 비즈니스 현장에서 빈번하게 발생하는 상황을 고려해 업무 수행에 필요한 핵심적인 내용을 선정하고, 각 상황별로 원어민들이 실제 사용하는 표현을 원어민들의 코퍼스 데이터(corpus data, 말뭉치 데이터)에서 추출해 실었다는 점에서 차별점이 있습니다.

부디 이 책이 독자 여러분의 비즈니스 경쟁력 향상에 도움이 되고, 더 나아가 글로벌 무대에서 활약하는 데 큰 도움이 되기를 바랍니다.

저자 박명수

이 책의 특징

야근 많은 홍 대리도, 모임 많은 김 과장도 OK!
하루 10분씩 딱 2개월만 투자하면 비즈니스 영어 됩니다!

▶▶ **어떤 비즈니스 상황에서도 힘이 되어 줄 영어실력, '패턴'으로 익히세요!**

수많은 변수가 난무하는 비즈니스 현장에서 앵무새처럼 달달 외운 표현 몇 개만으로 상황에 대처한다는 것은 현실적으로 불가능합니다. 비즈니스 실전 상황에 효율적으로 대처하기 위한 최상의 무기는 바로 '패턴'입니다. 패턴은 말을 하는 규칙이기 때문에, 패턴을 익히면 상황에 맞춰 얼마든지 다른 말로 응용이 가능합니다. 어떤 비즈니스 상황에서도 힘이 되어 줄 영어실력, '패턴'으로 익히세요!

▶▶ **이메일 영어책 따로, 비즈니스 회화책 따로? 한 권으로 다 됩니다!**

이메일 영어책 따로 사고, 비즈니스 회화책 따로 사야 한다고요? 이제 직장생활에 필요한 영어 표현은 이 책 한 권으로 해결하세요. 직장인이라면 누구나 한 번쯤은 고민해 봤을 '이메일의 첫인사와 끝인사' 표현부터 전화, 회의, 프레젠테이션 및 출장에 필요한 '비즈니스 영어회화'까지 알차게 담겨 있습니다. 이 책을 통해 지금 당장 실무에 적용 가능한 비즈니스 실전 패턴들을 익혀 영어 관련 업무 고민을 타파하세요!

▶▶ **다 같은 패턴책이 아닙니다! 예문의 차이가 컨텐츠의 차이입니다!**

시중에 나가 보면 이 책이나 저 책이나 다 비슷해 보인다고요? 디자인과 구성은 비슷해 보일 수 있지만, 같은 구성과 같은 패턴이더라도 예문의 차이는 숨길 수 없습니다. 다수의 비즈니스 영어 베스트셀러의 저자이자 수많은 국제회의 통역을 진행해 온 국제회의 전문 통역사가 골라 뽑은 활용도 200%의 문장들로 비즈니스 영어를 효율적으로 익히세요. 패턴책은 결국 예문의 차이가 컨텐츠의 차이입니다.

동양북스 도서자료실
(MP3 다운로드)

CONTENTS

머리말　　004
이 책의 특징　　006
순간패턴 8주 학습 플래너　　016

Part 1 이메일 영어

Unit 01. 이메일 시작하기

001. Dear Mr./Ms.…　～씨에게　　021
002. I am emailing you to…　～하고자 이메일 드립니다　　022
003. With reference to your email of…　～에 보내신 귀하의 이메일과 관련하여　　023
004. Thank you for…　～해 주셔서 감사합니다　　024
005. I am writing in reply to…　～에 답장 드립니다　　025
006. This is a reminder…　～를 상기시켜 드리기 위해 메일 드립니다　　026
007. Notice is hereby given that…　～를 공지드립니다　　027

Unit 02. 이메일 끝맺기

008. It was a great pleasure to…　～해서 무척 기뻤습니다　　029
009. I am looking forward to…　～하기를 기대합니다　　030
010. Your…will be appreciated　～해 주시면 감사하겠습니다　　031
011. Please email me back if…　～하면 다시 이메일 주시기 바랍니다　　032
012. I will get back to you…　～에 다시 연락 드리겠습니다　　033
013. I won't be available…　저는 ～에 자리를 비웁니다　　034
014. You can reach me at…　～로 연락 주시면 됩니다　　035
015. Please do not hesitate to…　언제든지 ～하시기 바랍니다　　036

Unit 03. 첨부파일 전달 및 확인

016. I am attaching…　～를 첨부합니다　　038
017. Please find the attached…　～를 첨부했습니다　　039
018. I am forwarding…　～를 전달합니다　　040
019. I've cc'd…　～를 참조로 넣었습니다　　041
020. I forgot to…　～하는 것을 깜빡했습니다　　042
021. Please make sure to…　꼭 ～해 주세요　　043

Unit 04. 회사 및 제품 소개

022. We manufacture…　저희는 ~를 제조하는 회사입니다　　045

023. We've been in business…　우리 회사는 ~ 사업을 해 오고 있습니다　　046

024. Our company specializes in…　우리 회사는 ~를 전문으로 하고 있습니다　　047

025. Our new product will be released…　우리의 신제품은 ~에 출시될 예정입니다　　048

026. Please refer to…　~를 참고하시기 바랍니다　　049

027. For further information, please consult…
보다 자세한 정보를 원하시면 ~를 참고하시기 바랍니다　　050

Unit 05. 회의 일정 잡기

028. I'd like to arrange a meeting…　~ 회의 일정을 잡고자 합니다　　052

029. Will you be available…?　~하실 수 있나요?　　053

030. …will be fine with me　저는 ~가 좋습니다　　054

031. The day is already booked. How about…?
그날은 이미 일정이 잡혔습니다. ~는 어떠세요?　　055

032. Thank you for your offer, but…　귀사의 제안은 감사합니다만 ~　　056

033. Would it be possible to reschedule…?　~ 일정을 조정할 수 있을까요?　　057

Unit 06. 요청 및 부탁하기

034. I'd like to thank you for…　~에 대해 감사드립니다　　059

035. You are kindly reminded to…　~해 주시기 바랍니다　　060

036. I'd be grateful if you could…　~해 주시면 감사하겠습니다　　061

037. Could you possibly…?　혹시 ~해 주실 수 있을까요?　　062

038. I am wondering if you could…　~해 주실 수 있을까요?　　063

039. We are willing to…　기꺼이 ~해 드리겠습니다　　064

040. As requested,…　요청하신 대로 ~　　065

Unit 07. 주문 및 결제하기

041. I'm very interested in…　~에 아주 관심이 많습니다　　067

042. I am writing to enquire about…　~에 대해 문의하고자 이메일 드립니다　　068

043. I'd like to place an order…　~를 주문하고자 합니다　　069

044. Your order has been p.p.　귀하의 주문이 ~되었습니다　　070

045. Please keep us informed…　~를 계속 알려 주시기 바랍니다　　071

046. Our records show that… 저희 기록을 보니 ~라고 되어 있습니다 … 072

047. Please be informed that… ~를 알려 드립니다 … 073

048. Please disregard this email if you have p.p.
~하셨다면 본 이메일을 무시해 주세요 … 074

049. We are pleased to inform you that… (기쁘게도) ~를 알려 드립니다 … 075

Unit 08. 클레임 제기 및 처리하기

050. We regret to inform you that… ~를 알려 드리게 되어 유감입니다 … 077

051. We regret to learn that… ~라니 유감스럽게 생각합니다 … 078

052. I request… ~를 요청드립니다 … 079

053. You're urgently requested to… 신속히 ~해 주시기 바랍니다 … 080

054. I'd like to apologize for… ~에 대해 사과드립니다 … 081

055. Please accept our apologies for… ~에 대해 정중히 사과드립니다 … 082

056. We're taking the necessary steps to…
~하기 위해 필요한 조치를 취하는 중입니다 … 083

057. Please make allowances for… ~를 감안해 주시기 바랍니다 … 084

058. We will make sure that… 꼭 ~하도록 하겠습니다 … 085

059. Once again, I apologize for… ~에 대해 다시 한 번 사과드립니다 … 086

Part 2 전화 영어

Unit 09. 전화 걸기

060. This is ~ at/from… 저는 …의 ~입니다 … 091

061. This is…returning one's call 저는 …인데 ~의 전화가 왔길래 연락드립니다 … 092

062. I'd like to speak to…, please ~와 통화하고 싶습니다 … 093

063. Could you put me through to…, please? ~에게 연결해 주시겠어요? … 094

064. Is…there, please? ~ 계신가요? … 095

065. I'm calling about… ~ 건으로 전화드립니다 … 096

Unit 10. 전화 받기

066. 회사/부서명+이름, speaking ~의 …입니다 … 098

067. May I ask..., please? ~를 여쭤봐도 될까요? 99
068. Just a second, please. I'll... 잠시만 기다리시면 ~해 드리겠습니다 100
069. Do you mind -ing? ~해 주시겠습니까? 101
070. Let me see if... ~인지 확인해 보겠습니다 102
071. I'll connect you to... ~로 연결해 드리겠습니다 103

Unit 11. 통화가 어려울 때

072. I'm sorry but... 죄송합니다만 ~ 105
073. She's not available as... 그분은 ~해서 자리에 안 계십니다 106
074. I'm afraid the line is... 죄송하지만 전화 연결이 ~합니다 107
075. I'll call you back... 제가 ~에 다시 전화드리겠습니다 108
076. Please call me if you... ~하시면 전화 주세요 109
077. I wanted to run through... ~를 알고 싶습니다 110

Unit 12. 메모 남기기

078. Would you like to...? ~하시겠어요? 112
079. Could you please...? ~해 주시겠습니까? 113
080. Could I..., please? ~해도 될까요? 114
081. Please tell him/her (that)... ~라고 전해 주세요 115
082. Please have him/her... ~하라고 해 주세요 116
083. Could I have the number of...? ~의 전화번호를 알 수 있을까요? 117

Part 3 회의 및 협상 영어

Unit 13. 회의 시작하기

084. We're here today to discuss... 오늘 모인 이유는 ~를 논의하기 위해서입니다 121
085. The meeting is supposed to... 회의는 ~할 예정입니다 122
086. Our time zone is... 우리의 시간대는 ~입니다 123
087. Please join me in... 저와 함께 ~해 주시기 바랍니다 124
088. Let's kick off the meeting by... ~하면서 회의를 시작하겠습니다 125

089. Let's go over… ~를 살펴보시죠 126

090. Please turn your attention to… ~를 봐 주시기 바랍니다 127

091. We have…on the agenda 의제는 ~입니다 128

092. The first item on the agenda is… 의제 중 첫 번째 안건은 ~입니다 129

093. We have to keep A + B 우리는 A를 B하게 해야 합니다 130

Unit 14. 의견 교환하기

094. Let's go around and… 돌아가면서 ~하겠습니다 132

095. In my opinion… 제 생각에는 ~ 133

096. I believe that… ~라고 생각합니다 134

097. Excuse me for interrupting you… 말을 끊어서 죄송합니다만 ~ 135

098. Could we let…finish, please? 먼저 ~의 말을 끝까지 들어 봐도 될까요? 136

099. What are your thoughts on…? ~에 대해 어떻게 생각하세요? 137

100. Are you saying…? ~라는 말씀이신가요? 138

Unit 15. 찬성 및 반대

101. I agree with A on… ~에 있어 A에게 동의합니다 140

102. I'm with A on… ~에 대해 A의 의견에 동의합니다 141

103. I couldn't agree more with… ~에 전적으로 동의합니다 142

104. I agree with you in principle, but… 원칙적으로 동의합니다만 ~ 143

105. I see your point, but… 무슨 말씀인지는 알겠습니다만 ~ 144

106. Yes, in a way; however,… 네, 어떤 면에서는 동의합니다만 ~ 145

107. I disagree because… ~때문에 저는 동의하지 않습니다 146

Unit 16. 회의 진행하기

108. I'd like to skip… ~는 생략하겠습니다 148

109. I suggest we do…last ~는 맨 나중에 다룰 것을 제안합니다 149

110. I think that's enough for… ~는 이 정도면 충분하다고 생각합니다 150

111. Let's take a break for… 잠시 ~동안 쉬겠습니다 151

112. Let's get back to… ~로 다시 돌아가겠습니다 152

113. Let's take a quick vote on… ~에 대해 간단히 투표를 하겠습니다 153

114. We're running behind now, so… 지금 예정보다 늦어져서 ~ 154
115. Let's wrap up… ~를 마치겠습니다 155

Unit 17. 제안 및 협상하기

116. The bottom line is that… 핵심은 ~라는 것입니다 157
117. That's acceptable if you could… ~해 주신다면 그것을 받아들일 수 있습니다 158
118. I understand your position, but… 당신의 입장은 이해하지만 ~ 159
119. From my perspective,… 제가 보기에는 ~ 160

Part 4 프레젠테이션 영어

Unit 18. 발표 시작하기

120. I am… 저는 ~입니다 165
121. I'd like to welcome you to… ~에 오신 여러분을 환영합니다 166
122. I'd like to talk about… ~에 대해 말씀드리겠습니다 167
123. The purpose of my presentation is to… 제 발표의 목적은 ~하는 것입니다 168
124. On behalf of… ~를 대표해서 169
125. If you have any questions, please… 질문이 있으시면 ~해 주시기 바랍니다 170

Unit 19. 발표 진행하기

126. I'll begin with… ~로 시작하겠습니다 172
127. Does anyone know…? ~를 아시는 분 있나요? 173
128. As you are all aware,… 모두 아시다피시 ~ 174
129. My presentation will last… 제 발표 시간은 ~입니다 175
130. My presentation is divided into… 제 발표는 ~로 나뉘어 있습니다 176
131. Firstly, I'm going to talk about… 첫 번째로 ~에 대해 말씀드리겠습니다 177
132. So far, I've talked about… 지금까지 ~에 대해 말씀드렸습니다 178
133. Let's move on to… ~로 넘어가겠습니다 179
134. This leads me to… ~로 이어가겠습니다 180
135. Let's go back to… ~로 다시 돌아가겠습니다 181

136. I'd like to elaborate on…	~에 대해 자세히 설명드리겠습니다	182
137. It's off topic, but…	주제에서 벗어난 얘기지만, ~	183
138. To put it simply,…	간단히 말해서 ~	184

Unit 20. 시각자료 이용하기

139. I'd like to show you…	~를 보여 드리겠습니다	186
140. I'd like you to look at…	~를 봐 주시기 바랍니다	187
141. The graph illustrates…	이 그래프는 ~를 보여 주고 있습니다	188
142. According to the diagram,…	이 도표에 의하면 ~	189
143. The line represents…	이 선은 ~를 나타냅니다	190
144. The table shows a breakdown of…	이 표는 ~를 분류한 것입니다	191
145. Recent research has shown that…	최근 연구에 따르면 ~라고 합니다	192

Unit 21. 요약 및 질의응답

146. Let me just run over…	~를 간단히 살펴보겠습니다	194
147. I'll briefly summarize…	~를 간단히 요약하겠습니다	195
148. I'd like to recap…	~를 다시 정리해 보겠습니다	196
149. Please feel free to…	편하게 ~해 주세요	197
150. I'm glad you raised…	~를 제기해 주셔서 감사합니다	198
151. As I said at the beginning,…	초반에 말씀드렸던 것처럼 ~	199
152. In other words,…	다시 말해서 ~	200
153. In conclusion, let me…	마지막으로 ~하겠습니다	201
154. I'd like to conclude by…	~로 마무리하겠습니다	202
155. It should be remembered that…	~라는 점을 꼭 기억하시기 바랍니다	203

Part 5 사무실 영어

Unit 22. 직장 내 일상 회화

| 156. How was…? | ~ 어땠어요? | 207 |
| 157. You look so… | 아주 ~해 보이네요 | 208 |

158. Are you free for…?　~할 시간 있어요?　209

159. It's time for…　~할 시간이네요　210

160. It's been a really…　진짜 ~했어요　211

161. Sorry to bother you, but…　방해해서 미안한데 ~　212

Unit 23. 업무 협조하기

162. I'm working on…　~를 작업하고 있어요　214

163. I'm busy with…　~ 때문에 바빠요　215

164. I'm pressed for…　~에 쫓기네요　216

165. I'm overwhelmed with…　~가 너무 많아요　217

166. Let me know if you…　~하면 얘기하세요　218

167. Can you help me with…, please?　~ 좀 도와주실래요?　219

168. First thing in the morning,…　아침에 제일 먼저 ~　220

Unit 24. 업무 지시하기

169. Make a copy of…　~를 복사하세요　222

170. Please print…　~를 출력해 주세요　223

171. I'd like to have ~ by…　~를 …까지 준비해 주세요　224

172. Make sure to turn in ~ by…　…까지 ~를 꼭 제출해 주세요　225

173. Please don't forget to…　~하는 것 잊지 마세요　226

174. When do you need…by?　~가 언제까지 필요하세요?　227

Unit 25. 사무기기 사용하기

175. Are you done with…?　~를 다 쓰신 건가요?　229

176. May I use…?　~ 좀 써도 될까요?　230

177. The copy machine is…　복사기가 ~해요　231

178. I can't get…to work　~가 작동이 안 되네요　232

179. We've run out of…　~가 다 떨어졌어요　233

180. Is there another…I can use?　사용 가능한 다른 ~가 있나요?　234

Part 6 해외 출장 영어

Unit 26. 공항 이용하기

181. I'd like to confirm my reservation for… ~예약을 확인하고 싶습니다　239
182. I have…to check in　부칠 ~가 있어요　240
183. I would prefer…　~가 더 좋습니다　241
184. I'm here on/for…　~하러 왔습니다　242
185. I'm staying here for…　~동안 여기에서 머물 겁니다　243

Unit 27. 호텔 및 교통

186. I made a reservation for…　~를 예약했습니다　245
187. Can I have…, please?　~를 주실 수 있나요?　246
188. I'd like to complain about…　~에 불만이 있습니다　247
189. How can I go to…?　~로 어떻게 가면 되나요?　248
190. Does this bus go to…?　이 버스가 ~로 가나요?　249
191. How long will it take to get to …?　~까지 가려면 얼마나 걸릴까요?　250
192. Where is the nearest…?　가장 가까운 ~가 어디인가요?　251
193. Please take me to…　~로 가 주세요　252

Unit 28. 식사 및 쇼핑

194. I'll take…　~ 주세요　254
195. Can I have it without…, please?　~ 빼고 주실 수 있나요?　255
196. Can you get me…, please?　~ 좀 주시겠어요?　256
197. I'm looking for…　~를 찾고 있습니다　257
198. Do you have anything…?　~한 것이 있나요?　258
199. I would buy it if…　~라면 살게요　259
200. Do you accept…?　~도 받나요?　260

Appendix

- 플러스 패턴 활용 예문　261

순간패턴 8주 학습 플래너

1차 시도

주차					
1주	001-005 ☐	006-010 ☐	011-015 ☐	016-020 ☐	021-025 ☐
2주	026-030 ☐	031-035 ☐	036-040 ☐	041-045 ☐	046-050 ☐
3주	051-055 ☐	056-060 ☐	061-065 ☐	066-070 ☐	071-075 ☐
4주	076-080 ☐	081-085 ☐	086-090 ☐	091-095 ☐	096-100 ☐
5주	101-105 ☐	106-110 ☐	111-115 ☐	116-120 ☐	121-125 ☐
6주	126-130 ☐	131-135 ☐	136-140 ☐	141-145 ☐	146-150 ☐
7주	151-155 ☐	156-160 ☐	161-165 ☐	166-170 ☐	171-175 ☐
8주	176-180 ☐	181-185 ☐	186-190 ☐	191-195 ☐	196-200 ☐

순간패턴 8주 학습 플래너

2차 시도

1주	001-005 ☐	006-010 ☐	011-015 ☐	016-020 ☐	021-025 ☐
2주	026-030 ☐	031-035 ☐	036-040 ☐	041-045 ☐	046-050 ☐
3주	051-055 ☐	056-060 ☐	061-065 ☐	066-070 ☐	071-075 ☐
4주	076-080 ☐	081-085 ☐	086-090 ☐	091-095 ☐	096-100 ☐
5주	101-105 ☐	106-110 ☐	111-115 ☐	116-120 ☐	121-125 ☐
6주	126-130 ☐	131-135 ☐	136-140 ☐	141-145 ☐	146-150 ☐
7주	151-155 ☐	156-160 ☐	161-165 ☐	166-170 ☐	171-175 ☐
8주	176-180 ☐	181-185 ☐	186-190 ☐	191-195 ☐	196-200 ☐

● 하루 5개 패턴씩 딱 8주만 도전해 보세요.
처음부터 외우려 하지 말고 일단 여러 번 읽어 입에 붙인다는 느낌으로 시작하세요.

Part 1

이메일 영어

Unit 01 이메일 시작하기

Unit 02 이메일 끝맺기

Unit 03 첨부파일 전달 및 확인

Unit 04 회사 및 제품 소개

Unit 05 회의 일정 잡기

Unit 06 요청 및 부탁하기

Unit 07 주문 및 결제하기

Unit 08 클레임 제기 및 처리하기

Unit 01

이메일 시작하기

001. Dear Mr./Ms.… ~ 씨에게

002. I am emailing you to…
~하고자 이메일 드립니다

003. With reference to your email of…
~에 보내신 귀하의 이메일과 관련하여

004. Thank you for…
~해 주셔서 감사합니다

005. I am writing in reply to…
~에 답장 드립니다

006. This is a reminder…
~를 상기시켜 드리기 위해 메일 드립니다

007. Notice is hereby given that…
~를 공지드립니다

~ 씨에게
Dear Mr./Ms.…

이메일 첫 줄에는 Dear 뒤에 이름을 붙여서 수신자를 나타내는데, 비즈니스 이메일에서는 이름 앞에 Mr./Ms. 등을 붙이는 것이 좋습니다. 상대방이 남성이라면 Mr.를 쓰고, 여성인 경우 결혼했다면 Mrs.를, 결혼 여부를 모르면 Ms.를 씁니다. 끝에는 보통 쉼표(,)를 넣는데, 쉼표 대신 콜론(:)을 넣으면 더 격식 있는 표현이 됩니다.

플러스 패턴 Hello, Mr./Ms.… ~ 씨, 안녕하세요

켈름 씨에게
Dear Mr. Kelm,
▶ Mr./Mrs./Ms. 뒤에는 '성' 또는 '성+이름'을 사용함

존슨 씨에게
Dear Ms. Johnson,

샐리 테일러 씨에게
Dear Sally Taylor:

담당자께
Dear Sir or Madam:
▶ 담당자가 남자인지 여자인지 모르는 경우

✉ E-mail

데이비스 씨에게
I hope everything is fine with you. I am doing good as well.

Dear Mr. Davies:
잘 지내고 계시죠? 저도 잘 지내고 있습니다.

>> **as well** 또한, 역시

비즈패턴 002

~하고자 이메일 드립니다

I am emailing you to...

이메일을 쓰는 목적을 언급할 때 사용하는 패턴으로 to 뒤에는 동사원형을 씁니다. email은 '이메일'이라는 명사 외에 '이메일을 보내다'라는 동사로도 자주 사용됩니다.

플러스 패턴 I am writing an email to... ~하고자 이메일 드립니다

귀사의 제품에 대해 문의하고자 이메일 드립니다.
I am emailing you to inquire about your products. ▶ inquire 묻다, 알아보다

귀사 제품의 브로슈어를 요청하고자 이메일 드립니다.
I am emailing you to request a brochure of your product. ▶ request 요청하다, 요구하다

회의에 참석하실 수 있는지 여쭙고자 이메일 드립니다.
I am emailing you to ask if you can attend the meeting.

귀사에 대해 더 많은 정보를 얻고자 이메일 드립니다.
I am emailing you to find out more information about your company.

실전 활용 연습

✉ E-mail

제품이 주문 가능한지 확인하고자 이메일 드립니다. The item number is 246. I would really appreciate it if you could check on it for us.

I am emailing you to check on the availability of a product. 제품 번호는 246입니다. 저희를 위해 확인해 주시면 정말 감사드리겠습니다.

>> **availability** 이용 가능성, 입수 가능성

비즈패턴 003

~에 보내신 귀하의 이메일과 관련하여

With reference to your email of...

상대방이 보낸 특정 날짜의 이메일에 대한 답장을 보낼 때 사용하는 패턴입니다. of 뒤에 이메일을 받은 날짜나 시기를 쓰면 됩니다.

플러스 패턴 I refer to your email of... ~일자 이메일과 관련된 내용입니다

지난 월요일에 보내신 귀하의 이메일과 관련하여 첨부파일을 봐 주시기 바랍니다.
With reference to your email of last Monday, please see the attachments. ▶ attachment 첨부파일

3월 24일에 보내신 귀하의 이메일과 관련하여 저희 팀원들과 논의해 보았습니다.
With reference to your email of March 24, I've talked with my team.

2018년 9월 30일자 귀하의 이메일과 관련하여 답장을 드립니다.
With reference to your email of 9/30/2018, I am replying to you. ▶ reply 답장을 보내다; 답장

10월 2일에 보내신 귀하의 이메일과 관련하여 다음과 같은 질문을 드립니다.
With reference to your email of October 2, I'd like to ask you the following. ▶ following 다음; 다음의

실전 활용 연습

✉ E-mail

12월 10일자 귀하의 이메일과 관련하여 저희의 계획을 알려 드리고자 합니다. Please refer to the attachments and then email me back if you have any questions.

With reference to your email of Dec. 10, I'd like to inform you of our plan. 첨부파일을 참조하시고, 질문 있으시면 다시 이메일 주시기 바랍니다.

비즈패턴 004

~해 주셔서 감사합니다
Thank you for...

비즈니스 상황에서 기본적인 매너를 지키기 위해서는 Thank you.를 상황에 맞게 잘 사용해야 합니다. 무엇에 대해 고마운 것인지는 for 다음에 넣어 주세요.

플러스 패턴 I'd appreciate... ~하면 감사하겠습니다

빠른 답장 주셔서 감사합니다.
Thank you for your prompt reply.
▶ prompt 신속한, 재빠른

저희 제품에 관심을 가져 주셔서 감사드립니다.
Thank you for your interest in our products.
▶ interest 관심, 흥미

귀사의 친절한 협조에 감사드립니다.
Thank you for your kind cooperation.
▶ cooperation 협조, 협력

저희에게 연락 주셔서 감사합니다.
Thank you for contacting us.

실전 활용 연습

✉ E-mail

귀사의 친절한 협조에 감사드립니다. We're very satisfied with the information on the project and look forward to continuing our business relationship.

Thank you for your kind cooperation. 프로젝트에 대한 정보에 아주 만족합니다. 아울러 우리의 비즈니스 관계를 계속 이어가기를 기대합니다.

>> look forward to ~를 기대하다/고대하다

비즈패턴 005

~에 답장 드립니다

I am writing in reply to...

상대방이 보낸 이메일에 답장을 보낼 때 사용하는 패턴으로, in reply to는 '~에 대한 답장으로'라는 의미입니다.

플러스 패턴 I am replying to... ~에 대한 회신 이메일입니다

지난주에 보내신 이메일에 답장 드립니다.
I am writing in reply to your email from last week.

저희 제품에 관한 귀하의 이메일에 답장 드립니다.
I am writing in reply to your email about our product.

귀하의 브로슈어 요청에 대해 답장 드립니다.
I am writing in reply to your request for a brochure. ▶ brochure 브로슈어

회의에 관한 귀하의 질문에 답장 드립니다.
I am writing in reply to your questions concerning the conference.
▶ concerning ~에 관한 conference 회의

실전 활용 연습

✉ E-mail

귀하의 서비스 요청에 대해 답장 드립니다. Your request has been submitted successfully, and our technician will contact you tomorrow morning to help you with your issue.

I am writing in reply to your request for the service. 귀하의 요청은 잘 접수되었으며, 저희 기술자가 내일 오전에 연락 드려 문제 해결을 도와드릴 겁니다.

비즈패턴 006

~를 상기시켜 드리기 위해 메일 드립니다

This is a reminder...

상대방에게 어떤 날짜나 사실을 상기시키기 위해 메일을 보낼 때 이렇게 시작해 보세요. 뒤에는 'of+명사' 또는 'for+명사'를 쓰거나 'to+동사원형'을 씁니다.

플러스 패턴 I'd like to kindly remind you... ~임을 알려 드립니다

프로젝트 관련 주요 날짜들을 상기시켜 드리기 위해 메일 드립니다.
This is a reminder of the major dates for the project.

다가오는 월요일 워크숍을 상기시켜 드리기 위해 메일 드립니다.
This is a reminder of the upcoming workshop on Monday. ▶ upcoming 다가오는

송장 대금 지불을 상기시켜 드리기 위해 메일 드립니다.
This is a reminder for the invoice payment.
▶ payment 지불, 지급

미지불 청구서 결제를 상기시켜 드리기 위해 메일 드립니다.
This is a reminder to pay your overdue bills.
▶ overdue 기한이 지난 bill 고지서, 청구서

실전 활용 연습

✉ E-mail

미지불 대금 결제를 상기시켜 드리기 위해 메일 드립니다. The amount of 1,000 dollars was due on Feb. 25. One month after the due date, a late fee will be applied to your bill.

This is a reminder to make your overdue payment. 총 1,000달러의 결제일이 2월 25일이었습니다. 납입일 이후 한 달이 지나면 청구서에 연체료가 부과됩니다.

>> due (돈을) 지불해야 하는   late fee 연체료

비즈패턴

007

~를 공지드립니다

Notice is hereby given that…

notice는 '공지사항', hereby는 '이로써'라는 뜻으로서, 이메일로 공지사항을 전할 때 자주 사용하는 패턴입니다. that 뒤에 공지 내용을 '주어+동사' 형태로 써 주세요.

플러스 패턴 I notify you that… ~를 알려 드립니다

이번 주 금요일에 직원회의가 있음을 공지드립니다.
Notice is hereby given that the staff meeting will be held this Friday. ▶ staff 직원

수도 공급이 중단됨을 공지드립니다.
Notice is hereby given that the water supply will be suspended. ▶ suspend 중단하다

오후 6시까지 엘리베이터 운행이 중단됨을 공지드립니다.
Notice is hereby given that the elevator will be out of service until 6 p.m.

2주 간 주차장이 폐쇄됨을 공지드립니다.
Notice is hereby given that the parking lot will be closed for two weeks.

실전 활용 연습

✉ E-mail

Dear residents!

다음 주 화요일 오전 10시부터 오후 1시까지 엘리베이터 운행이 중단됨을 공지드립니다. Thank you for your cooperation and sorry for the inconvenience.

입주민 여러분! **Notice is hereby given that the elevators will be out of service from 10 a.m. to 1 p.m. next Tuesday.** 여러분의 협조에 감사드리며, 불편을 끼쳐드려 죄송합니다.

Unit 02

이메일 끝맺기

008. It was a great pleasure to…
~해서 무척 기뻤습니다

009. I am looking forward to…
~하기를 기대합니다

010. Your…will be appreciated
~해 주시면 감사하겠습니다

011. Please email me back if…
~하면 메일 주시기 바랍니다

012. I will get back to you…
~에 다시 연락 드리겠습니다

013. I won't be available…
저는 ~에 자리를 비웁니다

014. You can reach me at…
~로 연락 주시면 됩니다

015. Please do not hesitate to…
언제든지 ~하시기 바랍니다

비즈패턴 008

~해서 무척 기뻤습니다
It was a great pleasure to...

상대방과 만난 이후나 거래를 성사시킨 후에는 이런 표현을 담아 후속 메일을 보내는 것이 좋습니다. to 다음에는 동사원형이 온다는 것을 기억하세요.

플러스 패턴 I feel honored to... ~하게 되어 영광입니다

박람회에서 뵈어서 무척 반가웠습니다.
It was a great pleasure to meet you at the fair.
▶ fair 박람회

프로젝트에서 귀하와 함께 일하게 되어 무척 반가웠습니다.
It was a great pleasure to work with you on the project.

귀사의 주문을 받게 되어 무척 기뻤습니다.
It was a great pleasure to receive your order.

귀사와 거래를 하게 되어 무척 기뻤습니다.
It was a great pleasure to do business with you.

실전 활용 연습

✉ E-mail

Dear Mr. Chen,
We finally came back to the office. We really enjoyed our stay in Beijing. 귀사의 제조시설을 방문해서 무척 기뻤습니다. I will email you a draft version of our investment plan.

첸 사장님! 저희는 드디어 회사에 도착했습니다. 베이징에서 머무는 동안 아주 즐거운 시간을 보냈습니다. **It was a great pleasure to visit your manufacturing facilities.** 우리 회사의 투자 계획에 대한 초안을 이메일로 보내 드리겠습니다.

>> manufacturing facility 제조시설　draft 초안　investment 투자

비즈패턴 009

~하기를 기대합니다

I am looking forward to…

look forward to는 '~를 기대하다', '~하기를 즐거운 마음으로 기다리다'라는 의미로, 상대방의 행위 등을 완곡하게 요청하는 표현입니다. 여기서 to는 전치사이므로 뒤에 명사나 동명사를 씁니다.

플러스 패턴 I look forward to… ~를 기다리겠습니다

답장을 빨리 주시기를 기대합니다.
I am looking forward to hearing from you soon.

빠른 답변을 기다리겠습니다.
I am looking forward to your prompt response.
▶ response 답장, 회신

귀하를 조만간 뵙게 되기를 기대합니다.
I am looking forward to seeing you soon.

귀사를 저희의 고객으로 맞이하기를 기대합니다.
I am looking forward to welcoming you as our client.
▶ client 고객

실전 활용 연습

✉ E-mail

I talked with my boss about a plan to visit your manufacturing facilities. I think I would like to visit you sometime next month. Is that okay with you? 빠른 답변 기다리겠습니다. Thank you.

귀사의 제조시설 방문 계획에 대해 저희 상사와 얘기해 보았습니다. 다음 달 중에 귀사를 방문하고자 하는데 괜찮으신지요? **I am looking forward to your prompt reply.** 감사합니다.

>> **boss** (직장의) 상관, 상사

010 ~해 주시면 감사하겠습니다
Your...will be appreciated

appreciate은 '감사하다'라는 뜻으로 thank와 같은 의미라고 할 수 있습니다. 상대방에게 뭔가를 해 달라고 정중하고 완곡하게 요청할 때 유용한 패턴입니다.

플러스 패턴 Could you tell me if...? ~인지 알려 주시겠습니까?

빠른 답장 주시면 감사하겠습니다.
Your prompt reply will be appreciated.

도와주시면 감사하겠습니다.
Your assistance will be appreciated.
▶ assistance 도움, 지원

협조해 주시면 감사하겠습니다.
Your cooperation will be appreciated.

의견을 주시면 감사하겠습니다.
Your feedback will be appreciated.
▶ feedback 의견, 감상

✉ E-mail

The order will be shipped directly from our warehouse in Busan. 양해해 주시면 감사하겠습니다. Email me if you have any further questions.

주문하신 물품은 저희의 부산 창고에서 바로 배송될 겁니다. **Your understanding will be appreciated.** 다른 질문 있으시면 이메일 주시기 바랍니다.

>> ship 운송하다, 배송하다   warehouse 창고

Part 1 이메일 영어 31

비즈패턴 011

~하면 다시 이메일 주시기 바랍니다
Please email me back if...

email me back은 '내게 다시 이메일을 보내다'라는 뜻이에요. email me back 뒤에 if 절 대신 다양한 어구를 붙여서 사용할 수 있습니다.

플러스 패턴 Please reply... ~에 답장 주시기 바랍니다

질문 있으시면 다시 이메일 주시기 바랍니다.
Please email me back if you have any questions.

회의에 참석하실 수 없으면 다시 이메일 주시기 바랍니다.
Please email me back if you cannot participate in the meeting. ▶ participate in ~에 참석하다

가능한 한 빨리 다시 이메일 주시기 바랍니다.
Please email me back at your earliest convenience. ▶ at your earliest convenience 가급적 빨리

귀하의 연락처와 함께 다시 이메일 주시기 바랍니다.
Please email me back with your contact information. ▶ contact 연락; 연락하다

실전 활용 연습

✉ E-mail

Reminder! The monthly meeting will take place in the conference room on the 10th floor. 회의에 참석하실 수 없으면 다시 이메일 주시기 바랍니다.

다시 알려 드립니다. 월간회의가 10층 회의실에서 있을 예정입니다. **Please email me back if you cannot join the meeting.**

\>> reminder 상기시키는 것   take place 개최되다, 일어나다

~에 다시 연락 드리겠습니다
I will get back to you...

get back to는 '~에게 다시 연락하다'라는 뜻으로, reply(답장하다)보다 캐주얼한 표현입니다. 사정이 있어서 나중에 다시 연락하겠다고 할 때 이 패턴을 사용해 보세요.

플러스 패턴 I'll contact you... 제가 연락 드리겠습니다

되도록 빠른 시일 내에 다시 연락 드리겠습니다.
I will get back to you as early as possible.

자세한 정보를 준비해서 나중에 다시 연락 드리겠습니다.
I will get back to you later with detailed information. ▶ detailed 상세한, 자세한

회의가 끝나는 대로 즉시 다시 연락 드리겠습니다.
I will get back to you immediately after the meeting is over. ▶ immediately 즉시

출장에서 돌아오면 다시 연락 드리겠습니다.
I will get back to you when I come back from my business trip. ▶ business trip 출장

✉ E-mail

I was so busy with the fair last week. I am still working on the presentation file. I think it will be ready in the afternoon. 파일을 마무리하면 다시 연락 드리겠습니다.

저는 지난주에 박람회 때문에 무척 바빴습니다. 아직 프레젠테이션 파일을 작업하고 있습니다. 오후에는 준비될 것 같습니다. **I will get back to you when I finalize the file.**

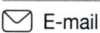 **presentation** 프레젠테이션, 발표 **finalize** 마무리하다

비즈패턴 013

저는 ~에 자리를 비웁니다
I won't be available...

출장 등으로 자리를 비울 경우 관계자들에게 미리 알려 주는 것이 좋습니다. available은 사람을 주어로 하면 '시간이 있는, 상황이 되는'이라는 뜻입니다.

플러스 패턴   I'll be out of town for...   ~ 동안 출장 예정입니다

저는 내일부터 열흘 간 자리를 비웁니다.
I won't be available for ten days starting tomorrow.

저는 다음 주 월요일부터 금요일까지 자리를 비웁니다.
I won't be available from next Monday until Friday.

저는 출장으로 인해 10월 10일까지 자리를 비웁니다.
I won't be available until Oct. 10 due to my business trip.   ▶ due to ~로 인해

저는 7월 2일부터 일주일 간 자리를 비웁니다.
I won't be available for a week starting on July 2.

실전 활용 연습

✉ E-mail

I've read your email, but I regret that 저는 내일부터 일주일간 자리를 비웁니다. Would it be possible to reschedule the presentation for early next month? I will get back to you when I return from the trip.

귀사의 이메일을 잘 읽었습니다만, 유감스럽게도 **I won't be available for a week from tomorrow.** 프레젠테이션 일정을 다음 달 초로 다시 잡는 것이 가능할까요? 출장에서 돌아오면 다시 연락 드리겠습니다.

>> **reschedule** 일정을 변경하다

~로 연락 주시면 됩니다

You can reach me at...

reach는 '전화로 연락이 닿다'라는 의미가 있어서 상대방에게 자신의 연락처를 알려줄 때 자주 사용됩니다. at 뒤에 전화번호, 이메일 주소 등을 넣으면 됩니다.

플러스 패턴 Contact me at... ~로 연락 주세요

010-1234-5678로 연락 주시면 됩니다.
You can reach me at 010-1234-5678.

다음 핸드폰 번호로 연락 주시면 됩니다.
You can reach me at the following mobile phone number.

myongsu@kmail.com으로 연락 주시면 됩니다.
You can reach me at myongsu@kmail.com.

9시부터 7시까지 이 전화번호로 연락 주시면 됩니다.
You can reach me at this phone number from 9 to 7.

 실전 활용 연습

✉ E-mail

I am writing to inform you of the temporary closure of the office for electrical work. No phones in the office will be available. 공사기간 동안 다음 번호로 연락 주시면 됩니다.

전기 공사 때문에 사무실이 임시 폐쇄됨을 알려드리기 위해 메일 드립니다. 사무실 전화는 모두 사용이 불가능합니다. **You can reach me at the following number during the maintenance.**

>> **temporary** 일시적인, 임시의 **maintenance** (건물·기계 등의) 유지, 보수

비즈패턴 015

언제든지 ~하시기 바랍니다
Please do not hesitate to...

언제든지 질문이나 요청을 해도 좋다고 하면 상대방의 마음이 편하겠죠? hesitate는 '망설이다'라는 뜻으로, Do not hesitate to... 하면 '망설이지 말고 ~하세요'라는 뜻이 됩니다.

플러스 패턴   Please feel free to...   언제든지 ~하셔도 됩니다

질문 있으시면 언제든지 저희에게 연락 주시기 바랍니다.
Please do not hesitate to contact us with any questions.

의견이 있으시면 언제든지 저희에게 이메일 주시기 바랍니다.
Please do not hesitate to email us with any comments.   ▶ comment 논평, 의견

더 필요한 정보가 있으시면 언제든지 저에게 전화 주시기 바랍니다.
Please do not hesitate to call me for any further information.   ▶ further 더 이상의, 추가의

도움이 필요하시면 언제든지 저에게 이메일 보내시기 바랍니다.
Please do not hesitate to email me whenever you need assistance.

실전 활용 연습

✉ E-mail

I am writing in reply to your request. Our maintenance technician will contact you tomorrow morning. 다른 질문 있으시면 언제든지 이메일 주시기 바랍니다.

귀하의 요청에 대해 답장 드립니다. 우리 회사의 정비 기술자가 내일 오전 중에 연락드릴 겁니다. **Please do not hesitate to email me if you have any other questions.**

>> technician 기술자   contact 연락하다; 연락

Unit 03

첨부파일
전달 및 확인

016. I am attaching…
~를 첨부합니다

017. Please find the attached…
~를 첨부했습니다

018. I am forwarding…
~를 전달합니다

019. I've cc'd…
~를 참조로 넣었습니다

020. I forgot to…
~하는 것을 깜박했습니다

021. Please make sure to…
꼭 ~해 주세요

~를 첨부합니다
I am attaching...

attach는 '덧붙이다'라는 의미인데, 이메일에서는 '첨부하다'라는 의미로 사용됩니다. 이메일에 서류 파일, 이미지, 동영상 등을 첨부할 때 사용해 보세요.

`플러스 패턴` I am pleased to attach... ~를 첨부합니다

제 질문을 아래에 첨부합니다.
I am attaching my questions below.

좀 더 상세한 혁신 방안을 첨부합니다.
I am attaching a more detailed renovation plan.
▶ renovation 혁신, 수리

참고하시라고 동영상 파일을 첨부합니다.
I am attaching the video clips for your consideration.
▶ clip 클립(영화나 영상의 일부만 떼어서 보여 주는 부분)

제 프레젠테이션 파일을 본 메일에 첨부합니다.
I am attaching my presentation file to this email.

✉ E-mail

I'd like to thank you for your interest in my presentation. We can talk about possible changes in the design next month. 참고하시라고 제 프레젠테이션 파일을 첨부합니다.

제 프레젠테이션에 관심 가져 주셔서 감사드립니다. 다음 달에 디자인에서 바꿀 수 있는 것들에 대해 논의할 수 있습니다. **I am attaching my presentation file for your consideration.**

>> consideration 고려, 고려할 사항

비즈패턴 017

~를 첨부했습니다
Please find the attached...

상대방이 첨부파일을 놓치지 않도록 내가 파일을 첨부했다는 사실을 밝히는 것이 좋습니다. '첨부한 ~를 봐 주세요'라는 의미로서, find 대신 see를 사용해도 됩니다.

플러스 패턴 I have attached… ~를 첨부했습니다

요청하신 파일을 첨부했습니다.
Please find the attached file you requested.

저희 회사의 제품 브로슈어를 첨부했습니다.
Please find the attached brochure of our products.

대금 지불을 위한 송장을 첨부했습니다.
Please find the attached invoice for your payment. ▶ invoice 송장, 청구서

귀하가 검토하실 이미지들을 첨부했습니다.
Please find the attached images for you to review.

 E-mail

Thank you for your questions about our service. 저희의 서비스에 대한 브로슈어를 첨부했습니다. We welcome questions if you have any after reviewing the brochure.

저희 회사의 서비스에 대해 질문을 주셔서 감사드립니다. Please find the attached brochure of our services. 브로슈어를 보시고 뭐든 질문이 있으시면 문의해 주세요.

>> review 검토하다; 검토

비즈패턴 018

~를 전달합니다

I am forwarding…

forward는 '앞으로'라는 뜻의 부사로 많이 사용되지만, 이메일에서는 다른 사람으로부터 받은 이메일이나 정보를 '전달하다'라는 뜻의 동사로 자주 사용됩니다.

플러스 패턴 I am passing ~ on to… …에게 ~를 전달합니다

오늘 오전에 받은 디자인 파일을 전달합니다.
I am forwarding the design file I received this morning.

우리 중국 고객이 보낸 이메일을 전달합니다.
I am forwarding the email from our Chinese client.

설계도에 대한 월터스 박사님의 의견을 전달합니다.
I am forwarding you Dr. Walters's comments on the design drawing. ▶ design drawing 설계도

기술 문제에 대한 다음 정보를 전달합니다.
I am forwarding the following information on the technical issues. ▶ technical 기술적인

실전 활용 연습

✉ E-mail

We should call a meeting as soon as possible because we have only a few days before the presentation. 참고하시라고 설계자가 보낸 이메일을 전달합니다.

프레젠테이션 전까지 며칠 남지 않았기 때문에 빠른 시일 내에 회의를 소집해야 합니다. **I am forwarding the email from the designer for your information.**

≫ call a meeting 회의를 소집하다

비즈패턴 019

~를 참조로 넣었습니다

I've cc'd...

cc는 carbon copy의 약자로 이메일에서 참조로 넣는 사람의 이름 앞에 사용하는데, 요즘에는 '~를 참조로 넣다'라는 동사로도 사용됩니다. 발음은 글자 그대로 '씨씨'라고 합니다.

플러스 패턴 I've copied ~ on this email 이 이메일에 ~를 참조로 넣었습니다

본 이메일에 서비스 관리자인 톰을 참조로 넣었습니다.
I've cc'd Tom, the service manager, on this email.

정보 공유를 위해 우리 회사의 디자이너인 박준호 씨를 참조로 넣었습니다.
I've cc'd our designer, Junho Park, to share information.

제 동료인 수잔도 프로젝트에 참여할 예정이어서 참조로 넣었습니다.
I've cc'd my colleague, Susan, as she will also join the project. ▶ colleague (직장의) 동료

조언을 하실 수 있도록 박 교수님을 참조로 넣었습니다.
I've cc'd Professor Park for any comments he may wish to make.

실전 활용 연습

✉ E-mail

Please find the attached file about the list of technical questions from the manufacturers. 김 박사님이 위원회 회원이기에 본 이메일에 박사님을 참조로 넣었습니다.

제조업체로부터 받은 기술적 질문 목록에 대한 파일을 첨부했습니다. **I've cc'd Dr. Kim on this email as he is a member of the committee.**

\>\> attached 첨부된   manufacturer 제조사   committee 위원회

비즈패턴 020

~하는 것을 깜박했습니다
I forgot to...

forget to는 '~하는 것을 깜박하다'이고, 과거형 forgot to는 '~하는 것을 깜박했다'입니다. 파일 첨부를 깜박했거나 내용을 빠뜨려서 다시 이메일을 보낼 때 이 표현을 사용하세요.

플러스 패턴 It slipped my mind that... ~를 깜박했습니다

이메일에서 무역 박람회 장소를 언급하는 것을 깜박했습니다.
I forgot to mention the venue of the trade fair in the email.
▶ venue (콘서트·스포츠 경기·회담 등의) 장소

이전 이메일에 이미지 파일을 첨부하는 것을 깜박했습니다.
I forgot to attach the image files to the previous email. ▶ previous 이전의

프로젝트 멤버들에게 보낸 이메일에 귀하를 참조로 넣는 것을 깜박했습니다.
I forgot to cc you in my email to the project members.

신청서 마감일을 상기시켜 드리는 것을 깜박했습니다.
I forgot to remind you of the deadline for the application. ▶ deadline 마감일 application 지원서, 신청서

실전 활용 연습

✉ E-mail
─────────────────────────

Hi, Professor Park. Please find the attached design file below.
앞에 보낸 이메일에 교수님이 요청하신 파일을 첨부하는 걸 깜박했습니다.

박 교수님, 안녕하세요. 아래에 디자인 파일을 첨부했습니다. **I forgot to attach the file you requested in the previous email.**

>> below 아래에

021 꼭 ~해 주세요
Please make sure to…

이 패턴은 '반드시 ~해 주세요'라고 부탁할 때, 뭔가를 잊지 말고 꼭 해 달라고 요청할 때 사용됩니다. 요청의 의미를 담고 있으므로 Please를 붙이는 것을 잊지 마세요.

플러스 패턴 Please don't forget to… ~하는 것 잊지 마세요

본 이메일을 귀하의 상사에게 꼭 전달해 주세요.
Please make sure to forward this email to your boss.

꼭 최대한 빨리 이메일 답장을 해 주세요.
Please make sure to email me back as soon as possible.

신청서를 마감일까지 꼭 제출해 주세요.
Please make sure to submit your application form by the deadline. ▶ submit 제출하다 form (문서의) 서식, 양식

제 프레젠테이션 시간을 꼭 조정해 주세요.
Please make sure to reschedule my presentation session. ▶ session (특정한 활동을 위한) 시간, 기간

 실전 활용 연습

 E-mail

As my flight schedule has changed due to the bad weather, I'm asking you to change my presentation time to the afternoon.
제 프레젠테이션 시간을 꼭 조정해 주시기 바랍니다.

악천후로 인해 제 비행 일정이 변경되어, 제 프레젠테이션 시간을 오후로 변경해 주실 것을 요청 드립니다. **Please make sure to reschedule my presentation session.**

>> schedule 일정, 스케줄   due to ~ 때문에

Unit 04

회사 및 제품 소개

022. **We manufacture…**
저희는 ~를 제조하는 회사입니다

023. **We've been in business…**
우리 회사는 ~ 사업을 해 오고 있습니다

024. **Our company specializes in…**
우리 회사는 ~를 전문으로 하고 있습니다

025. **Our new product will be released…**
우리의 신제품은 ~에 출시될 예정입니다

026. **Please refer to…**
~를 참고하시기 바랍니다

027. **For further information, please consult…**
보다 자세한 정보를 원하시면 ~를 참고하시기 바랍니다

비즈패턴 022

저희는 ~를 제조하는 회사입니다
We manufacture...

manufacture(제조하다)는 회사를 소개할 때 자주 사용됩니다. 무형의 서비스가 아니라 유형의 제품 등을 생산하는 경우라면 이 동사를 사용해서 회사를 소개하면 됩니다.

플러스 패턴 We're located in... 우리 회사는 ~에 있습니다

저희는 다양한 목재 가구를 제조하는 회사입니다.
We manufacture all kinds of wooden furniture.
▶ all kinds of 온갖 종류의, 모든

저희는 매우 독창적이면서도 실용적인 기념품을 제조하는 회사입니다.
We manufacture very unique but practical souvenirs. ▶ practical 실용적인 souvenir 기념품

저희는 차량용 플라스틱 부품을 주문에 맞춰 제조하는 회사입니다.
We manufacture custom-made plastic parts for vehicles. ▶ custom-made 주문 제작한

저희는 여성용 컴포터블 슈즈 전 제품을 제조하는 회사입니다.
We manufacture a full line of comfortable shoes for women. ▶ full line 전 품목

실전 활용 연습

✉ E-mail

As mentioned in the brochure, 저희는 고품질 스포츠 의류와 용품을 제조하는 회사입니다. For your information, I am attaching a brochure of our brand-new sports apparel for winter.

브로슈어에 나와 있듯이, **we manufacture sports apparel and goods with excellent quality.** 참고하시라고 겨울용 스포츠 의류 신제품을 소개하는 브로슈어를 첨부합니다.

>> **mention** (말·글로) 언급하다 **apparel** (매장에서 판매되는) 의류

023

우리 회사는 ~ 사업을 해 오고 있습니다
We've been in business...

사업을 오랫동안 지속하는 것은 결코 쉬운 일이 아닙니다. 현재완료를 이용해서 과거부터 계속 해 온 회사의 업력을 드러내면 이미지 제고에 도움을 줄 수 있습니다.

플러스 패턴 Our main business is... 우리의 주력 사업은 ~입니다

우리 회사는 30년 이상 사업을 해 오고 있습니다.
We've been in business for more than 30 years.

우리 회사는 고품질 서비스를 제공함으로써 20년 넘게 사업을 해 오고 있습니다.
We've been in business for over 20 years by providing quality service.

우리 회사는 1990년부터 사업을 해 오고 있습니다.
We've been in business since 1990.

우리 회사는 2005년부터 웹사이트 개발 사업을 해 왔습니다.
We've been in business since 2005 doing website development. ▶ development 개발, 발전

실전 활용 연습

✉ E-mail

The company headquarters is located in Busan, Korea, and the manufacturing facilities are in China and Thailand. 우리는 방화 유리창 제조업을 50년 넘게 해 오고 있습니다. No other companies can manufacture such windows better than us.

본사는 한국의 부산에 위치해 있고, 생산시설은 중국과 태국에 있습니다. **We've been in business manufacturing fireproof windows for over 50 years.** 우리는 다른 회사들과 비교할 수 없는 최고의 유리창을 생산합니다.

>> **headquarter** 본사　**fireproof** 방화의

비즈패턴 024

우리 회사는 ~를 전문으로 하고 있습니다
Our company specializes in…

자신의 회사가 전문으로 하는 분야를 소개할 때 유용한 패턴입니다. specialize in은 '~를 전문으로 하다'라는 의미입니다.

플러스 패턴 We produce… 우리는 ~를 생산합니다

우리 회사는 3D 프린팅을 전문으로 하고 있습니다.
Our company specializes in 3D printing.

우리 회사는 빅데이터 분석을 전문으로 하고 있습니다.
Our company specializes in big data analysis.

우리 회사는 포괄적인 IT 서비스 제공을 전문으로 하고 있습니다.
Our company specializes in providing comprehensive IT services. ▶ comprehensive 종합적인, 포괄적인

우리 회사는 운동 장비 개발을 전문으로 하고 있습니다.
Our company specializes in developing fitness equipment. ▶ equipment 장비, 용품

실전 활용 연습

✉ E-mail

We've been in the business of data management for around ten years. 우리 회사는 마케팅을 위한 빅데이터 분석을 전문으로 하고 있습니다. Please make sure to download and read the attached brochure for more detailed information.

우리 회사는 십여 년 동안 데이터 관리 사업을 해 오고 있습니다. **Our company specializes in analyzing big data for marketing.** 보다 자세한 정보를 위해 첨부한 브로슈어를 꼭 다운로드해서 읽어 보시기 바랍니다.

>> **management** 경영, 관리, 운영　**analyze** 분석하다

■ 비즈 패턴 ■

025

우리의 신제품은 ~에 출시될 예정입니다
Our new product will be released...

제품이나 서비스가 신규 출시되는 것을 안내하는 패턴입니다. release는 '공개하다, 출시하다'라는 뜻으로, 제품 주어 뒤에는 be released(출시되다)라는 수동태로 쓰입니다.

플러스 패턴   A new product will make its debut in...   신제품이 ~에 출시될 겁니다

우리의 신제품은 7월 1일에 출시될 예정입니다.
Our new product will be released on July 1.

우리의 신제품은 2019년 가을에 출시될 예정입니다.
Our new product will be released in the fall of 2019.

우리의 신제품은 대학에 먼저 출시될 예정입니다.
Our new product will be released to universities first.

우리의 신제품은 아시아 시장에만 출시될 예정입니다.
Our new product will be released only in Asian markets.

 E-mail

Thank you for contacting us regarding our new product. One of our overseas marketing team members will be in contact with you shortly. 우리 회사의 신제품은 내년 1/4분기에 출시될 예정입니다.

저희의 신제품과 관련하여 연락 주셔서 감사드립니다. 저희 해외 마케팅 직원이 곧 연락드릴 겁니다. Our new product will be released in the first quarter of next year.

비즈패턴 026

~를 참고하시기 바랍니다
Please refer to...

refer to는 '~를 참고하다/참조하다'라는 의미입니다. 첨부파일이나 관련 정보 등을 참고하라고 말할 때 사용됩니다.

플러스 패턴　Please take a look at...　~를 주목해 주시기 바랍니다

아래 회의록을 참고하시기 바랍니다.
Please refer to the meeting minutes below.
▶ minutes 회의록

첨부된 동영상을 참고하시기 바랍니다.
Please refer to the attached video clips.

2017년 5월 30일자 이메일을 참고하시기 바랍니다.
Please refer to the email dated 05/30/2017.
▶ date 날짜를 적다; 날짜

저희 웹사이트 www.dongyangbooks.com을 참고하시기 바랍니다.
Please refer to our website at www.dongyangbooks.com.

 **실전 활용 연습**

✉ E-mail

We have yet to finalize the changes in the design of the wireless charger. I am attaching a draft version of possible design concepts that are under review. 자세한 내용은 첨부파일을 참고하시기 바랍니다.

무선 충전기의 디자인 변경안이 아직 마무리되지 않았습니다. 검토 중인 가능성 있는 디자인 콘셉트 초안을 첨부합니다. **Please refer to the attached file for further information.**

>> have yet to 아직 ~하지 않았다　wireless 무선의　charger 충전기

비즈패턴 027

보다 자세한 정보를 원하시면 ~를 참고하시기 바랍니다

For further information, please consult…

상세 정보를 찾아볼 수 있는 곳을 안내하는 문구입니다. consult는 '~와 상의하다/상담하다'라는 뜻 외에 '~를 찾아보다/참고하다'라는 뜻도 있습니다.

플러스 패턴 More detailed information is provided in… 보다 자세한 내용은 ~에 있습니다

보다 자세한 정보를 원하시면 마케팅부와 상의하시기 바랍니다.
For further information, please consult the Marketing Department.

보다 자세한 정보를 원하시면 첨부된 사용 지침서 파일을 참고하시기 바랍니다.
For further information, please consult the attached tutorial files. ▶ tutorial 사용 지침서

보다 자세한 정보를 원하시면 고객 서비스 센터에 연락하시기 바랍니다.
For further information, please consult the customer service center.

보다 자세한 정보를 원하시면 저희의 영업 담당자인 박준호 씨에게 상의하시기 바랍니다.
For further information, please consult Junho Park, our sales representative.
▶ sales representative (특정 회사 상품의 특정 지역) 판매 대리인, 영업 담당자

실전 활용 연습

✉ E-mail

We're sorry for the inconvenience. Your request has been accepted. 보다 자세한 정보를 원하시면 고객센터에 연락하시기 바랍니다.

불편을 끼쳐 드려 죄송합니다. 귀하의 요청사항은 접수되었습니다. **For further information, please consult the customer service center.**

Unit 05

회의 일정 잡기

- 028. **I'd like to arrange a meeting…**
  ~ 회의 일정을 잡고자 합니다

- 029. **Will you be available…?**
  ~하실 수 있나요?

- 030. **…will be fine with me** 저는 ~가 좋습니다

- 031. **The day is already booked. How about…?**
  그날은 이미 일정이 잡혔습니다. ~는 어떠세요?

- 032. **Thank you for your offer, but…**
  귀사의 제안은 감사합니다만 ~

- 033. **Would it be possible to reschedule…?**
  ~ 일정을 조정할 수 있을까요?

비즈패턴 028

~ 회의 일정을 잡고자 합니다
# I'd like to arrange a meeting…

회의 일정을 '잡는다'를 영어로 표현할 때는 '준비하다, 계획하다'라는 뜻의 동사 arrange를 흔히 사용합니다. arrange 대신 organize나 schedule, fix를 사용해도 됩니다.

플러스 패턴 I'd like to fix a meeting for… ~를 위한 회의 일정을 잡으려고 합니다

귀하와 다음 주에 회의 일정을 잡고자 합니다.
I'd like to arrange a meeting with you next week.

제안서에 대해 논의하기 위해 회의 일정을 잡고자 합니다.
I'd like to arrange a meeting to discuss the proposal. ▶ proposal 제안, 제안서

저희의 신재료를 소개하기 위해 회의 일정을 잡고자 합니다.
I'd like to arrange a meeting to show our new material. ▶ material 재료, 물질

다음 달 초에 귀하의 상사와 회의 일정을 잡고자 합니다.
I'd like to arrange a meeting with your boss early next month.

실전 활용 연습

✉ E-mail

I read your proposal with great interest. As I will get back to my office from my trip to the U.S. next Monday, 제안서에 대해 논의하기 위해 귀하와 다음 주 중에 회의 일정을 잡고자 합니다.

귀하의 제안서를 아주 흥미롭게 읽었습니다. 미국 출장 갔다가 다음 주 월요일에 회사로 복귀할 예정이어서, **I'd like to arrange a meeting sometime next week with you to discuss the proposal.**

비즈패턴

029

~하실 수 있나요?
Will you be available...?

사람 주어 뒤에 be available이 오면 '시간을 낼 수 있다'라는 뜻이에요. 따라서 이 패턴은 상대방이 뭔가를 할 시간을 낼 수 있는지 묻는 표현입니다.

플러스 패턴 Do you have time to...? ~할 시간 있어요?

점심 시간 이후에 얘기 좀 나눌 수 있을까요?
Will you be available to talk after lunch?

내일 회의에 참석하실 수 있나요?
Will you be available to attend tomorrow's meeting?
▶ attend 참석하다

오늘 오후에 잠시 통화하실 수 있나요?
Will you be available for a quick call this afternoon?

우리 회의에 시간 좀 내 주실 수 있을까요?
Will you be available for our meeting?

실전 활용 연습

✉ E-mail

As I asked you last week, I'd like to have your opinion on the design. We are going to have a meeting this Friday morning.
저희 회의에 시간 좀 내 주실 수 있을까요?

지난주에 요청 드렸듯이, 디자인에 대한 귀하의 의견을 얻고자 합니다. 저희는 이번 주 금요일 오전에 회의를 할 예정입니다. **Will you be available for our meeting?**

>> opinion 의견

Part 1 이메일 영어 53

비즈패턴 030

저는 ~가 좋습니다
...will be fine with me

직역하면 '~이 나에게 괜찮다/좋다'라는 의미입니다. 약속시간이나 장소를 정하면서 내게 좋은 시간이나 장소를 말할 때 유용한 표현이지요.

플러스 패턴   ...will be convenient for me   저는 ~가 좋습니다

저는 수요일이 좋습니다.
Wednesday will be fine with me.

저는 4월 10일 이후 아무 때나 좋습니다.
Any time after April 10 will be fine with me.

저는 7월 1일이 좋습니다.
July 1 will be fine with me.

저는 다음 주 아무 요일이나 좋습니다.
Any day next week will be fine with me.

실전 활용 연습

📧 E-mail

Dear Mr. Evans,

Thank you for the quick reply. I am more than willing to go to visit your manufacturing facility. 저는 다음 주 아무 요일이나 다 좋습니다. Will you be available next week?

에반스 씨께,

빨리 답장 주셔서 감사합니다. 귀사의 제조시설 방문이 아주 기대됩니다. Any day next week will be fine with me. 다음 주에 시간을 내 주실 수 있는지요?

>> be willing to 기꺼이 ~하다

비즈패턴 031

그날은 이미 일정이 잡혔습니다. ~는 어떠세요?

The day is already booked. How about…?

여기서 book은 '예약하다'라는 뜻의 동사로 reserve와 같은 뜻이에요. 따라서 '(날짜) is booked'는 '(그 날짜)는 예약되었다', 즉 '다른 일정이 있다'라는 의미입니다.

플러스 패턴 Could you make time for…? ~를 위해 시간 좀 내 주시겠습니까?

그날은 이미 일정이 잡혔습니다. 금요일은 어떠세요?
The day is already booked. How about Friday?

그날은 이미 일정이 잡혔습니다. 10월 2일이나 3일은 어떠세요?
The day is already booked. How about October 2 or 3?

그날은 이미 일정이 잡혔습니다, 다다음 주는 어떠세요?
The day is already booked. How about the week after next?

그날은 이미 일정이 잡혔습니다. 이번 주 목요일은 어떠세요?
The day is already booked. How about this Thursday?

실전 활용 연습

✉ E-mail

I am more than happy to find you can visit us. 다음 주 월요일은 이미 일정이 잡혔습니다. 화요일이나 수요일은 어떠세요? Looking forward to your reply. Thanks.

저희를 방문해 주실 수 있다니 너무나 반갑습니다. Next Monday is already booked. How about Tuesday or Wednesday? 답장 기다리겠습니다. 감사합니다

032 귀사의 제안은 감사합니다만 ~
Thank you for your offer, but…

상대방의 제안이 달갑지 않더라도 일단 고맙다고 한 다음 but을 이용해서 회사의 입장을 전달하는 것이 좋습니다. offer는 '제안' 외에 '제안한 금액'이라는 뜻으로도 쓰입니다.

플러스 패턴 I am afraid that… 죄송하지만 ~

귀사의 제안은 감사합니다만 저희는 거절하기로 했습니다.
Thank you for your offer, but we decided to decline it. ▶ decline 거절하다, 사양하다

귀사의 제안은 감사합니다만 저는 더 좋은 제안을 받았습니다.
Thank you for your offer, but I have a better one.

귀사의 제안은 감사합니다만 귀사의 가격은 여전히 비싸군요.
Thank you for your offer, but your price is still high.

귀사의 제안은 감사합니다만 저는 관심이 없습니다.
Thank you for your offer, but I am not interested.

실전 활용 연습

✉ E-mail

First of all, I am sorry for not replying sooner. I read your email with much interest. 귀사의 제안은 감사합니다만 가격이 여전히 저희의 생각보다 높습니다. I wonder if you have any room for further negotiations.

우선 답장이 늦어서 죄송합니다. 귀하의 이메일을 관심 있게 잘 읽었습니다. **Thank you for your offer, but it is still higher than we expected.** 가격 협상을 더 할 여지가 있는지 궁금합니다.

비즈패턴 033

~ 일정을 조정할 수 있을까요?
# Would it be possible to reschedule…?

reschedule은 '회의 등의 일정을 다시 정하다'라는 뜻입니다. 상대방에게 일정 조정 가능성을 정중하게 타진하고 싶을 때 위와 같이 물어보면 됩니다.

플러스 패턴 Could you meet us on…? ~에 뵐 수 있을까요?

회의 일정을 조정할 수 있을까요?
Would it be possible to reschedule our meeting?

약속 일정을 조정할 수 있을까요?
Would it be possible to reschedule our appointment? ▸ appointment 약속

프레젠테이션을 다음 주로 조정할 수 있을까요?
Would it be possible to reschedule the presentation for next week?

제 비행 일정을 다음 주 월요일로 조정할 수 있을까요?
Would it be possible to reschedule my flight for next Monday?

실전 활용 연습

✉ E-mail

I am very sorry to say this, but I'd like to change my flight schedule. 제 비행기 시간을 다음 주 월요일로 조정할 수 있을까요?

이런 말씀 드려서 정말 죄송합니다만 제 항공편 일정을 변경하고 싶습니다. **Would it be possible to reschedule my flight for next Monday?**

>> flight schedule 비행기 시간

Unit 06

요청 및 부탁하기

034. I'd like to thank you for…
 ~에 대해 감사드립니다

035. You are kindly reminded to…
 ~해 주시기 바랍니다

036. I'd be grateful if you could…
 ~해 주시면 감사하겠습니다

037. Could you possibly…?
 혹시 ~해 주실 수 있을까요?

038. I am wondering if you could…
 ~해 주실 수 있을까요?

039. We are willing to…
 기꺼이 ~해 드리겠습니다

040. As requested,… 요청하신 대로 ~

비즈패턴 034

~에 대해 감사드립니다
I'd like to thank you for...

거래처의 제안이나 문의 등에 대해 감사를 표하는 것은 상대방의 호감을 이끌어내는 좋은 방법입니다. Thank you for...보다 조금 더 격식을 갖춰 감사 인사를 하고 싶을 때 이 패턴을 사용해 보세요.

플러스 패턴 I am very thankful to... ~에 무척 감사드립니다

귀하의 제안에 대해 감사드립니다.
I'd like to thank you for your suggestion.

귀하의 빠른 답장에 감사드립니다.
I'd like to thank you for your prompt reply.

브로슈어 요청 이메일에 감사드립니다.
I'd like to thank you for your email requesting a brochure.

저희의 환불 정책에 대해 문의해 주셔서 감사드립니다.
I'd like to thank you for your question regarding our refund policy.

▶ regarding ~에 대하여/관하여   refund 환불

실전 활용 연습

✉ E-mail

I really enjoyed talking with you at the exhibition. In addition, 신제품에 대해 질문해 주셔서 감사합니다. I have attached a brochure file to this email.

전시회에서 얘기 나눠서 정말 즐거웠습니다. 게다가 **I'd like to thank you for your questions regarding the brand-new product.** 브로슈어 파일을 이 메일에 첨부합니다.

>> exhibition 전시회   in addition 게다가

Part 1 이메일 영어   **59**

비즈패턴 035

~해 주시기 바랍니다

You are kindly reminded to...

remind(상기시키다)를 수동태로 사용한 구문으로서, 상대방에게 뭔가를 잊지 않고 해달라고 정중하게 상기시킬 때 사용하는 패턴입니다.

플러스 패턴　This is a gentle reminder that... ~를 알려 드립니다

납기일을 확인해 주시기 바랍니다.
You are kindly reminded to confirm the deadline.　▶ confirm 확인하다

다음 주 금요일 회의에 참석해 주시기 바랍니다.
You are kindly reminded to join the conference next Friday.

늦어도 10월 20일까지는 결제해 주시기 바랍니다.
You are kindly reminded to pay no later than Oct. 20.　▶ no later than 늦어도 ~까지는

귀사의 신규 서비스에 대해 계속 알려 주시기 바랍니다.
You are kindly reminded to keep us informed of your new service.　▶ keep...informed ~에게 계속 알려 주다

실전 활용 연습

✉ E-mail

We're sorry to tell you that your payment is overdue. 늦어도 11월 30일까지 지불해 주시기 바랍니다. Attached is a copy of the bill that was sent to you last month.

유감스럽게도 귀하의 대금 결제일이 지났습니다. **You are kindly reminded to pay no later than November 30.** 지난달에 귀하에게 보냈던 청구서를 첨부합니다.

>> **payment** 지불, 납입　**overdue** (지불·반납 등의) 기한이 지난

비즈패턴 036

~해 주시면 감사하겠습니다

I'd be grateful if you could…

be grateful은 '감사하다'라는 의미로서, 이 패턴은 상대방에게 뭔가를 정중하게 요청하거나 부탁하는 표현입니다. could 뒤에는 동사원형을 붙여 줍니다.

플러스 패턴 Could you confirm…? ~를 확인해 주시겠습니까?

브로슈어를 보내 주시면 감사하겠습니다.
I'd be grateful if you could send me a brochure.

자세한 내용을 보내 주시면 감사하겠습니다.
I'd be grateful if you could send me further information.

문서 복사본을 이메일로 보내 주시면 감사하겠습니다.
I'd be grateful if you could email me a copy of the document.

회의에 참석하는지 확인해 주시면 감사하겠습니다.
I'd be grateful if you could confirm your attendance at the meeting.   ▶ attendance 출석, 참석

실전 활용 연습

✉ E-mail

I'm interested in product number 1001-2, which was displayed at the fair last week. I asked you about the possibility of changing the color when I talked with you. 가능한 한 빨리 브로슈어를 보내 주시면 감사하겠습니다.

지난주 박람회에서 전시되었던 제품번호 1001-2에 관심 있습니다. 귀하와 얘기 나누면서 색상 변경이 가능한지 질문 드렸습니다. **I'd be grateful if you could send me a brochure as soon as possible.**

■ 비즈패턴 ■

혹시 ~해 주실 수 있을까요?
Could you possibly...?

예의를 갖춰 부탁하거나 요청할 때 사용해 보세요. Could you...?보다 더 조심스럽게 요청하는 표현이 Could you possibly...?입니다.

플러스 패턴   Please give us the full particulars of...   ~의 세부사항을 알려 주세요

혹시 제품의 브로슈어를 보내 주실 수 있을까요?
Could you possibly send me a brochure of the product?

혹시 도면을 금요일 전에 보내 주실 수 있을까요?
Could you possibly send the drawing before Friday?

혹시 다음 주에 저희와 회의 일정을 잡아 주실 수 있을까요?
Could you possibly arrange a meeting with us next week?   ▶ arrange (미리) 준비하다, (일정을) 잡다

혹시 귀하의 팩스번호를 다시 알려 주실 수 있을까요?
Could you possibly give me your fax number again?

실전 활용 연습

✉ E-mail

How are you, Mr. Johnson? It was a great party last night. I'd like to thank you for your hospitality. I have a quick question. 혹시 제가 떠나기 전에 제품 단가를 논의할 회의 일정을 한 번 더 잡아 주실 수 있을까요?

존슨 씨, 안녕하세요? 어젯밤 파티는 아주 즐거웠습니다. 환대해 주셔서 감사드립니다. 간단하게 질문 하나 드리겠습니다. **Could you possibly arrange another meeting to discuss the unit price of the product before I leave?**

비즈패턴 038

~해 주실 수 있을까요?
I am wondering if you could…

직역하면 '~해 주실 수 있는지 궁금합니다'라는 뜻이고, 이는 결국 '혹시 ~해 주실 수 있을까요?'라는 의미입니다. 간접적으로 조심스럽게 부탁할 때 사용하기 좋습니다.

플러스 패턴 I'd like to know… ~를 알고 싶습니다

부탁 하나 들어 주실 수 있을까요?
I am wondering if you could do me a favor.
▶ do…a favor ~의 부탁을 들어 주다

제가 호텔 예약하는 것 좀 도와 주실 수 있을까요?
I am wondering if you could help me reserve a hotel room. ▶ reserve 예약하다

디자인 파일을 다시 이메일로 보내 주실 수 있을까요?
I am wondering if you could email me the design file again.

회의 일정을 조정해 주실 수 있을까요?
I am wondering if you could reschedule the meeting.

실전 활용 연습

✉ E-mail

I hope everything is fine with you. I already emailed you to see if you have finalized the drawing, but I haven't received a reply for almost two weeks. 진척 상황에 대해 알려 주실 수 있을까요?

잘 지내고 계시죠? 도면을 마무리하셨는지 확인하기 위해 이메일을 드렸는데, 거의 2주 동안 답장을 받지 못했습니다. **I am wondering if you could update me on your progress.**

>> **update** 가장 최근의 정보를 알려 주다　**progress** 진척, 진행

비즈패턴 039

기꺼이 ~해 드리겠습니다

We are willing to...

be willing to는 '기꺼이 ~하겠다'라는 적극적인 의지를 드러낼 때 사용하는 표현이에요. 상대방에게 '주저하지 않고 ~하겠다'라고 할 때 사용해 보세요.

플러스 패턴 I am glad to let you know that... 기쁘게도 ~를 알려 드립니다

귀하의 편의를 위해 기꺼이 마감일을 연장해 드리겠습니다.
We are willing to extend the deadline for your convenience. ▶ extend 연장하다, 확대하다

다음 주까지 시제품을 기꺼이 보내 드리겠습니다.
We are willing to send you a prototype by next week. ▶ prototype 시제품, 견본

우리 사무실 근처의 호텔 예약을 기꺼이 도와 드리겠습니다.
We are willing to help you reserve a hotel room near our office.

회의 일정을 다음 주 화요일로 기꺼이 조정해 드리겠습니다.
We are willing to reschedule the meeting to next Tuesday.

실전 활용 연습

✉ E-mail

Thank you for contacting us with questions on the machine. 해당 기계의 시연회에 귀하를 기꺼이 초대해 드리겠습니다. Please let me know when would be convenient for you.

기계에 관한 질문으로 저희에게 연락 주셔서 감사합니다. **We are willing to invite you for a demonstration of the machine.** 언제가 편하신지 알려 주시기 바랍니다.

>> demonstration (사용법에 대한 시범) 설명

비즈패턴 040

요청하신 대로 ~

As requested,…

as requested는 as it is requested의 줄임말로 '상대방이 요청한 대로'라는 의미입니다. 서로 알고 있는 내용을 생략함으로써 문장을 장황하게 쓰는 것을 방지할 수 있습니다.

플러스 패턴 Please be informed that… ~를 알려 드립니다

요청하신 대로 오늘 오전에 시제품을 보냈습니다.
As requested, I sent the prototype this morning.

요청하신 대로 프레젠테이션 파일을 수정했습니다.
As requested, I revised the presentation file.
▶ revise (의견·계획을) 변경하다, 수정하다

요청하신 대로 파일 20부를 책상 위에 두었습니다.
As requested, I put 20 copies of the file on your desk.

요청하신 대로 일본행 비행기를 예약했습니다.
As requested, I have made a reservation for the flight to Japan. ▶ make a reservation 예약하다

실전 활용 연습

✉ E-mail

I will fly to New York next Monday. I'd like to thank you for your comments on the product. 요청하신 대로 오늘 오전에 시제품을 발송했습니다. I think you can receive it this coming Friday.

저는 다음 주 월요일에 뉴욕으로 출발합니다. 제품에 대한 의견 감사드립니다. **As requested, I sent the prototype this morning.** 이번 주 금요일에 받아 보실 수 있을 겁니다.

>> comment 논평, 의견   coming 다가오는

Unit 07

주문 및 결제하기

041. I'm very interested in…
~에 아주 관심이 많습니다

042. I am writing to enquire about…
~에 대해 문의하고자 이메일 드립니다

043. I'd like to place an order…
~를 주문하고자 합니다

044. Your order has been p.p.
귀하의 주문이 ~되었습니다

045. Please keep us informed…
~를 계속 알려 주시기 바랍니다

046. Our records show that…
저희 기록을 보니 ~라고 되어 있습니다

047. Please be informed that…
~를 알려 드립니다

048. Please disregard this email if you have p.p. ~하셨다면 본 이메일을 무시해 주세요

049. We are pleased to inform you that… (기쁘게도) ~를 알려 드립니다

비즈패턴 041

~에 아주 관심이 많습니다
I'm very interested in…

상대방 회사의 서비스나 제품에 대해 관심을 표명하는 표현입니다. be interested in은 '~에 관심이 있다'라는 의미입니다.

플러스 패턴 I have a profound interest in… ~에 아주 관심이 많습니다

귀사의 IT 서비스에 아주 관심이 많습니다.
I'm very interested in your IT service.

귀사의 제품들에 아주 관심이 많습니다.
I'm very interested in your product range.
▶ range 범위, 폭

지난달에 출시된 신제품에 아주 관심이 많습니다.
I'm very interested in the brand-new product released last month. ▶ release 공개하다, 출시하다

귀사의 웹사이트에서 본 제품에 아주 관심이 많습니다.
I'm very interested in the product I saw on your website.

실전 활용 연습

✉ E-mail

First of all, I'd like to thank you for the brochure. 귀사의 브로슈어 13 페이지에서 본 제품에 아주 관심이 많습니다. I'm emailing you to see if you can bring a sample of the product to the exhibition in March.

먼저 브로슈어를 보내 주셔서 감사드립니다. **I'm very interested in the product I saw on page 13 of your company brochure.** 3월에 있을 전시회에 그 제품의 샘플을 갖고 오실 수 있을지 알아보려고 이메일을 드립니다.

>> **first of all** 우선, 다른 무엇보다 먼저   **exhibition** 전시회

비즈패턴 042

~에 대해 문의하고자 이메일 드립니다

I am writing to enquire about…

enquire는 '~에 대해 문의하다/묻다'라는 의미로, ask보다 격식 있는 표현입니다. 문의하는 이메일을 보낼 때 사용해 보세요.

플러스 패턴 I am writing to ask… ~를 문의하고자 이메일 드립니다

전시회에 있던 시제품에 대해 문의하고자 이메일 드립니다.
I am writing to enquire about the prototype at the exhibition.

귀사의 반품 및 교환 정책에 대해 문의하고자 이메일 드립니다.
I am writing to enquire about your return and exchange policies. ▶ return 반품, 반송 exchange 교환

12월 10일에 703호실이 사용 가능한지 문의하고자 이메일 드립니다.
I am writing to enquire about the availability of the room 703 on Dec. 10. ▶ availability 사용 가능성

박람회장의 위치에 대해 문의하고자 이메일 드립니다.
I am writing to enquire about the location of the exhibition venue. ▶ venue (콘서트·스포츠 경기·회담 등의) 장소

실전 활용 연습

✉ E-mail

Hi, Susan. 2월 11일에 202호 회의실 사용이 가능한지 문의하고자 이메일 보냅니다. Your quick reply would be appreciated.

수잔 씨, 안녕하세요? I am writing to enquire about the availability of conference room #202 on Feb. 11. 빨리 답장 주시면 감사하겠습니다.

비즈패턴 043

~를 주문하고자 합니다
I'd like to place an order…

place an order는 '주문하다, 주문을 넣다'라는 의미의 숙어예요. order 뒤에는 전치사 of나 for를 써서 주문 내용을 연결해 주면 됩니다.

플러스 패턴　I'd like to submit an order… ~를 주문합니다

귀사의 제품 20개를 주문하고자 합니다.
I'd like to place an order for 20 items of your product.　▶ item 물품, 항목

커피 원두 2톤을 주문하고자 합니다.
I'd like to place an order for 2 tons of whole coffee beans.

귀사의 우산 2,500개를 주문하고자 합니다.
I'd like to place an order for 2,500 umbrellas.

파란색 믹서기 1,000개를 주문하고자 합니다.
I'd like to place an order for 1,000 blue blenders.　▶ blender 믹서기

 **실전 활용 연습**

✉ E-mail

You have a wide variety of caps in good quality. 파란색 모자 2000개를 주문하고자 합니다. Please give us a quotation of the amount when you reply.

품질 좋은 모자를 아주 다양하게 구비하고 계시네요. **I'd like to place an order for 2,000 blue caps.** 답장 주실 때 해당 물량에 대한 견적서를 보내 주시기 바랍니다.

>> **a wide variety of** 매우 다양한　**quotation** 견적

비즈패턴 044

귀하의 주문이 ~되었습니다

Your order has been p.p.

상대방 주문의 현재 처리 상태를 알릴 때 사용할 수 있는 패턴입니다. 뒤에는 processed(처리된), shipped(배송된), sent(발송된), canceled(취소된) 등의 과거분사 (p.p.)를 써서 연결하면 됩니다.

플러스 패턴 I'd like to edit my order to… 주문을 ~로 수정하고 싶습니다

귀하의 주문이 처리되었습니다.
Your order has been processed.
▶ process 처리하다

귀하의 주문이 접수 후 처리되었습니다.
Your order has been placed and processed.

귀하의 주문이 다음 주소로 발송되었습니다.
Your order has been shipped to the following address.

귀하의 주문이 포장을 위해 저희 창고로 운송되었습니다.
Your order has been sent to our warehouse for packaging.
▶ packaging 포장, 포장재

실전 활용 연습

✉ E-mail

Thank you for ordering our products. 귀하의 주문은 처리되었고, the caps will be shipped to the address below next Monday.

저희 제품을 주문해 주셔서 감사합니다. **Your order has been processed, and** 모자는 다음 주 월요일에 아래 주소로 발송될 예정입니다.

>> **ship** (배·기차·트럭 등으로) 보내다, 수송하다

비즈패턴 045

~를 계속 알려 주시기 바랍니다

Please keep us informed...

진행 상황을 계속 알려 달라고 할 때 사용하는 패턴입니다. 'keep+사람+informed'는 최신 정보나 진행 상황을 '~에게 계속 알려 주다'라는 의미입니다.

플러스 패턴 You can track... ~를 추적 확인하실 수 있습니다

새로운 정보가 있으면 계속 알려 주시기 바랍니다.
Please keep us informed on any updates.
▶ update 최신 정보

진행 상황을 계속 알려 주시기 바랍니다.
Please keep us informed on the progress.

저희 주문품의 처리 상태를 계속 알려 주시기 바랍니다.
Please keep us informed on the status of our order.
▶ status 상태, 상황

저희의 주문을 처리하는 데 뭐든 변동사항이 생기면 계속 알려 주시기 바랍니다.
Please keep us informed of any changes in processing our order.

실전 활용 연습

✉ E-mail

I'd like to thank you for the speedy processing of my order. It's good to know that you can ship them on Monday. 저희 주문품의 처리 상태를 계속 알려 주시기 바랍니다.

저희의 주문을 신속하게 처리해 주셔서 감사합니다. 월요일에 발송해 주실 수 있다고 하니 반가운 소식입니다. **Please keep us informed on the status of my order.**

>> speedy 빠른, 지체 없는

비즈패턴 046

저희 기록을 보니 ~라고 되어 있습니다

Our records show that…

간단하지만 매우 활용도가 높은 패턴입니다. 주로 지불과 관련하여 상대방에게 지불 요청을 할 때 사용하기 좋습니다. that 다음에 '주어+동사'를 붙여서 연결하세요.

플러스 패턴 You can check… ~를 확인하실 수 있습니다

저희 기록을 보니 송장 대금이 지불되지 않았습니다.
Our records show that the invoice has not been paid.

저희 기록을 보니 귀하는 아직 미등록 상태입니다.
Our records show that you have not registered yet. ▶ register 등록하다

저희 기록을 보니 저희는 결제를 아직 받지 못했습니다.
Our records show that we have not yet received the payment.

저희 기록을 보니 다음 송장이 미지불 상태입니다.
Our records show that the following invoice remains unpaid. ▶ remain unpaid 미지불로 남아 있다

실전 활용 연습

✉ E-mail

We sent you a reminder twice last month and early this month. However, 저희 기록을 보니 저희는 결제를 아직 받지 못했습니다. Your urgent payment will be highly appreciated.

지불 독촉장을 지난달과 이번 달 초에 두 번 발송했습니다. 하지만 our records show that we have not yet received the payment. 신속히 지불 이행을 해 주시면 무척 감사하겠습니다.

>> reminder 상기시키는 것, 독촉장   urgent 긴급한   highly 매우, 대단히

비즈패턴 047

~를 알려 드립니다

Please be informed that…

상대방에게 '~라는 사실을 전달하니 잘 알고 계시기 바랍니다'라는 뉘앙스를 주는 패턴입니다. that 뒤에 공지할 내용을 '주어+동사' 형태로 적어 줍니다.

플러스 패턴　This is to inform you that… ~를 알려 드립니다

출장이 취소되었음을 알려 드립니다.
Please be informed that the business trip has been canceled.　▶ cancel 취소하다

귀하의 주문품이 배송되었음을 알려 드립니다.
Please be informed that your order has been delivered.　▶ deliver 배송하다, 배달하다

저희 사무실이 휴일에 운영되지 않음을 알려 드립니다.
Please be informed that our office will be closed for the holiday.

신규 가격정책이 2019년 10월 9일부터 적용됨을 알려 드립니다.
Please be informed that the new pricing policy will take effect on October 9, 2019.

실전 활용 연습

✉ E-mail

회의가 다음 주 금요일로 연기되었음을 알려 드립니다. Due to the renovation of the building, we had no choice but to reschedule the meeting. Sorry for any inconvenience this may cause and thank you for your cooperation.

Please be informed that the meeting has been postponed until next Friday. 건물 보수로 인해 불가피하게 회의 일정을 조정하게 되었습니다. 이로 인해 불편을 끼쳐 드려 죄송합니다. 아울러 여러분의 협조에 감사드립니다.

048 ~하셨다면 본 이메일을 무시해 주세요
Please disregard this email if you have p.p.

고객에게 대금 지불을 요청하거나 독촉하는 이메일에서 자주 사용되는 패턴입니다. disregard는 '무시하다'라는 뜻의 동사입니다.

플러스 패턴 Please ignore... ~는 무시하시기 바랍니다

송장 대금을 지불하셨다면 본 이메일을 무시해 주세요.
Please disregard this email if you have paid the invoice.

주문을 완료하셨다면 본 이메일을 무시해 주세요.
Please disregard this email if you have completed your order. ▶ complete 완료하다

이미 등록을 하셨다면 본 이메일을 무시해 주세요.
Please disregard this email if you have already registered.

설문지를 다시 보내셨다면 본 이메일을 무시해 주세요.
Please disregard this email if you have returned the survey. ▶ survey 설문 조사

 **실전 활용 연습**

✉ E-mail

This is an automatic reply to your unsuccessful attempt to register. 이미 등록을 마치셨다면 본 이메일을 무시해 주세요.

귀하의 등록이 제대로 완료되지 않아 자동으로 발송되는 이메일입니다. **Please disregard this email if you have already completed your registration.**

비즈패턴 049

(기쁘게도) ~를 알려 드립니다
We are pleased to inform you that…

be pleased to는 '~해서 기쁘다'라는 뜻으로, 좋은 소식을 전할 때 사용하는 패턴입니다. 고객의 주문 처리, 신제품 출시, 이벤트 등 좋은 소식을 안내할 때 사용해 보세요.

플러스 패턴 Please note that… ~를 참고하시기 바랍니다

(기쁘게도) 귀하의 주문이 처리되고 있음을 알려 드립니다.
We're pleased to inform you that your order is being processed.

(기쁘게도) 주문하신 제품이 오늘 발송되었음을 알려 드립니다.
We're pleased to inform you that your order was shipped today.

(기쁘게도) 저희가 신규 서비스 센터를 오픈했음을 알려 드립니다.
We're pleased to inform you that we have launched some new service centers.

(기쁘게도) 귀하의 요청이 승인되었음을 알려 드립니다.
We're pleased to inform you that your request has been approved.   ▶ approve 승인하다

실전 활용 연습

✉ E-mail

귀사를 우리 회사의 새로운 하청업체로 선정하기로 했음을 알려 드립니다. We'd like to arrange a meeting with you by next week. Please tell us when would be convenient for you.

We're pleased to inform you that we decided to select you as our new supplier. 다음 주까지 귀사와 회의를 하고자 합니다. 언제가 편하신지 알려 주시기 바랍니다.

Unit 08
클레임 제기 및 처리하기

050. We regret to inform you that…
 ~를 알려 드리게 되어 유감입니다

051. We regret to learn that…
 ~라니 유감스럽게 생각합니다

052. I request… ~를 요청드립니다

053. You're urgently requested to…
 신속히 ~해 주시기 바랍니다

054. I'd like to apologize for… ~에 대해 사과드립니다

055. Please accept our apologies for…
 ~에 대해 정중히 사과드립니다

056. We're taking the necessary steps to…
 ~하기 위해 필요한 조치를 취하는 중입니다

057. Please make allowances for…
 ~를 감안해 주시기 바랍니다

058. We will make sure that… 꼭 ~하도록 하겠습니다

059. Once again, I apologize for…
 ~에 대해 다시 한 번 사과드립니다

비즈패턴

050

~를 알려 드리게 되어 유감입니다
We regret to inform you that…

상대방에게 달갑지 않은 소식을 전할 때 사용하는 패턴입니다. regret to는 '~하는 것이 유감이다'라는 의미이며, that 뒤에는 '주어+동사' 형태를 씁니다.

플러스 패턴 I'm sorry to tell you that… ~를 알려 드리게 되어 유감입니다

저희가 주문을 취소하게 된 것을 알려 드리게 되어 유감입니다.
We regret to inform you that we have to cancel our order.

저희가 회의에 참석할 수 없음을 알려 드리게 되어 유감입니다.
We regret to inform you that we are unable to attend the meeting.

저희가 주문품을 아직 받지 못했음을 알려 드리게 되어 유감입니다.
We regret to inform you that we have not yet received the order.

귀하의 주문품을 이번 주에 발송할 수 없음을 알려 드리게 되어 유감입니다.
We regret to inform you that your order cannot be shipped this week.

실전 활용 연습

✉ E-mail

배송품에 부서진 부품이 몇 개 발견되었음을 알려 드리게 되어 유감입니다. Please find the attached image files of the broken pieces and let us know how you're going to take care of the problem.

We regret to inform you that we found several broken pieces in the shipment. 부서진 부품 사진을 첨부하오니 이 문제를 어떻게 해결하실 건지 알려 주시기 바랍니다.

■ 비즈패턴 ■

051

~라니 유감스럽게 생각합니다
We regret to learn that...

고객의 불만 등 달갑지 않은 소식을 접하고 유감을 나타낼 때 사용하는 패턴입니다. 여기서 learn은 '~를 알게 되다'라는 뜻입니다.

플러스 패턴 **Regrettably, we are unable to...** 유감스럽게도 저희는 ~할 수 없습니다

결함이 있는 제품을 받으셨다니 유감스럽게 생각합니다.
We regret to learn that you received some faulty items. ▶ faulty 흠이 있는

회의에 오실 수 없다니 유감스럽게 생각합니다.
We regret to learn that you cannot come to the meeting.

아직 주문한 제품을 받지 못하셨다니 유감스럽게 생각합니다.
We regret to learn that you have not yet received the order.

저희가 귀사의 기대에 부응하지 못했다니 유감스럽게 생각합니다.
We regret to learn that we didn't live up to your expectations. ▶ live up to (기대에) 부응하다

실전 활용 연습

✉ E-mail

Dear Mr. Samuel,
저희의 고객 서비스에 실망하셨다니 유감스럽게 생각합니다. **We are awfully sorry about that.**

사무엘 씨에게
We regret to learn that you are disappointed with our customer service. 그 점에 대해 대단히 죄송합니다.

>> **awfully** 대단히, 몹시

비즈패턴 052

~를 요청드립니다

I request...

request는 '요청하다'라는 동사로도 쓰이고 '요청'이라는 명사로도 쓰입니다. 동사 request 뒤에 요청하는 내용을 명사로 붙여 주세요.

플러스 패턴 Further to this, I'd like to know if... 추가로 ~ 여부를 알고 싶습니다

이 문제에 관심 가져 주시기를 요청드립니다.
I request your attention to the problem.
▶ attention 주목, 관심

시스템에 대한 귀하의 전문적인 의견을 요청드립니다.
I request your professional opinion on the system.
▶ professional 전문적인

프레젠테이션에 귀하의 참석을 요청드립니다.
I request your attendance at the presentation.

귀하의 피드백을 되도록 빨리 요청드립니다.
I request your feedback as soon as possible.

실전 활용 연습

 E-mail

Sorry for the late reply. We are sorry to say this, but we're still working on the problem. 내년도 마케팅 계획을 마무리지을 때까지 기다려 주시기를 요청드립니다. We will contact you with a better solution to the problem within a month.

답장이 늦어 죄송합니다. 이런 말씀 드려 죄송합니다만 저희는 아직 그 문제를 해결하는 중입니다. **I request your patience until we finalize our marketing plan for next year.** 한 달 이내에 그 문제에 대한 보다 좋은 해결방안으로 연락 드리겠습니다.

>> patience 인내심   solution 해법, 해결책

비즈패턴 053

신속히 ~해 주시기 바랍니다
You're urgently requested to...

be requested to...는 '~하도록 요청받다'라는 의미인데, 여기에 '긴급히'라는 뜻의 부사 urgently가 덧붙여져 다소 강하게 요구하는 뉘앙스를 전달합니다.

플러스 패턴 Could you tell me if you can...? ~할 수 있는지 알려 주시겠습니까?

저희의 주문을 일주일 내로 신속히 처리해 주시기 바랍니다.
You're urgently requested to process our order within a week.

회의 전에 문서를 신속히 마무리해 주시기 바랍니다.
You're urgently requested to finish the document before the meeting.

업무 보고서를 이번 주까지 신속히 제출해 주시기 바랍니다.
You're urgently requested to submit your business report by the end of the week.

저희의 주문에 대해 신속히 조치를 취해 주시기 바랍니다.
You're urgently requested to take immediate action regarding our order. ▶ take action 조치를 취하다

실전 활용 연습

✉ E-mail

I am writing to draw your attention to the design problem. We've waited for more than a month. 문제를 바로잡기 위해 가능한 모든 조치를 신속히 취해 주시기 바랍니다.

디자인 문제에 관심을 가져 주시기 바랍니다. 저희는 한 달 넘게 기다렸습니다. **You're urgently requested to take all possible steps to correct the problems.**

비즈패턴 054

~에 대해 사과드립니다
I'd like to apologize for...

비즈니스 상황에서 사과를 할 때 가장 적합한 패턴입니다. apologize for는 '~에 대해 사과하다'라는 뜻이에요. 무엇에 대해 사과하는지는 for 뒤에 연결해 주세요.

플러스 패턴 Unfortunately,... 안타깝지만 ~입니다

답장을 늦게 드려 사과드립니다.
I'd like to apologize for my late reply.

불편을 끼쳐 드린 점 사과드립니다.
I'd like to apologize for the inconvenience.

고객 서비스를 제대로 못한 점 사과드립니다.
I'd like to apologize for the poor customer service.

귀하의 요청 사항을 처리하면서 제 실수가 있었던 점 사과드립니다.
I'd like to apologize for my mistake in handling your request.
▶ handle 다루다, 처리하다

✉ E-mail

Dear Ms. Lewis,
귀하의 이메일에 답장을 늦게 드려 사과드립니다. I went to Japan last week to attend an international fair. That's why I couldn't check my email for a week.

루이스 씨께,
I'd like to apologize for the delay in my response to your email. 지난 주에 국제 박람회 참석 차 일본에 갔습니다. 그래서 일주일 동안 이메일을 확인하지 못했습니다.

>> response 회신, 답장 international 국제적인

비즈패턴 055

~에 대해 정중히 사과드립니다

Please accept our apologies for...

직역하면 '~에 대한 저희의 사과를 받아 주십시오'라는 뜻으로 I'd like to apologize for...보다 더 정중한 사과 표현입니다.

플러스 패턴 I humbly apologize... ~에 대해 매우 미안하게 생각합니다

답장이 늦어진 데 대해 정중히 사과드립니다.
Please accept our apologies for the delay in responding. ▶ respond 답장을 보내다

불편을 끼쳐 드려 정중히 사과드립니다.
Please accept our apologies for the inconvenience.

주문 처리가 지연된 데 대해 정중히 사과드립니다.
Please accept our apologies for the delay in filling your order. ▶ fill (주문대로) 이행하다

송장 대금을 아직 지불하지 않은 점 정중히 사과드립니다.
Please accept our apologies for not yet having paid your invoice.

 실전 활용 연습

 E-mail

I am awfully sorry to say this, but my boss and I cannot go to Seattle next month due to an urgent problem we have to deal with. 회의에 참석할 수 없게 된 것에 대해 정중히 사과드립니다.

이런 말씀 드려 정말 죄송합니다만 처리해야 하는 긴급한 문제로 인해 저희 상사와 저는 다음 달 시애틀에 못 가게 되었습니다. Please accept our apologies for not being able to attend the conference.

비즈패턴 056

~하기 위해 필요한 조치를 취하는 중입니다

We're taking the necessary steps to...

take the necessary steps는 '필요한 조치를 취하다'라는 뜻으로, 고객의 요청이나 불만 등에 대해 필요한 조치를 취하고 있음을 알릴 때 사용하는 패턴입니다.

플러스 패턴 We are now looking into... 현재 ~를 조사하고 있습니다

귀하의 주문을 신속히 처리하기 위해 필요한 조치를 취하고 있습니다.
We're taking the necessary steps to rush your order. ▶ rush 급히 수송하다, 서두르다

배송 문제를 해결하기 위해 필요한 조치를 취하고 있습니다.
We're taking the necessary steps to solve the shipping problems.

귀사에 끼친 피해를 보상하기 위해 필요한 조치를 취하는 중입니다.
We're taking the necessary steps to compensate you for the damage. ▶ compensate 보상하다

귀사에게 일어날 수 있는 피해를 최소화하기 위해 필요한 조치를 취하는 중입니다.
We're taking the necessary steps to minimize the possible damage to you. ▶ minimize 최소화하다

실전 활용 연습

✉ E-mail

The delay in shipping your order is due to the general strike, but 귀하의 주문을 즉시 처리하기 위해 필요한 조치를 취하고 있습니다.

주문하신 물품의 배송 지연은 총파업으로 인한 것입니다. 하지만 저희는 **we're taking the necessary steps to immediately process your order.**

비즈패턴 057

~를 감안해 주시기 바랍니다

Please make allowances for…

상대방에게 자신의 사정이나 형편 등에 대해 양해를 구할 때 사용하는 패턴입니다. make allowances for는 '~를 감안하다/참작하다'라는 뜻입니다.

플러스 패턴 Please take…into consideration ~를 고려해 주시기 바랍니다

폭풍으로 인해 배송이 지연될 수 있음을 감안해 주시기 바랍니다.

Please make allowances for possible shipment delays due to the storm.

약간의 디자인 변경을 감안해 주시기 바랍니다.

Please make allowances for minor design changes.   ▶ minor 작은

환율 변동을 감안해 주시기 바랍니다.

Please make allowances for exchange rate fluctuations.   ▶ fluctuation 변동

귀하의 주문을 빨리 처리하기 위해 추가 비용을 감안해 주시기 바랍니다.

Please make allowances for additional costs to rush your order.   ▶ additional 추가의

실전 활용 연습

📩 E-mail

As previously mentioned in the email dated Jan. 10, we have to use different parts. 귀사의 주문품을 제작하는 부품의 일부 변동사항을 감안해 주시기 바랍니다.

이전에 1월 10일자 이메일에서 말씀드렸던 바와 같이, 저희는 다른 부품을 사용해야 합니다. **Please make allowances for some changes in parts to manufacture your order.**

058

꼭 ~하도록 하겠습니다

We will make sure that...

make sure는 '확실하게 하다, 꼭 ~하다'라는 의미입니다. 상대방에게 뭔가를 제대로 완수하겠다고 약속하거나 다짐할 때 이 패턴을 사용해 보세요.

플러스 패턴 I assure you that we will... 우리는 틀림없이 ~하겠습니다

이 문제를 꼭 최대한 조속히 해결하도록 하겠습니다.
We will make sure that the problem is solved as quickly as possible.

같은 문제가 또 발생하지 않도록 확실히 하겠습니다.
We will make sure that the same problem doesn't happen again.

귀하가 주문하신 물품이 꼭 금요일까지 배달되도록 하겠습니다.
We will make sure that your order is delivered by Friday.

우리 팀이 포장 전에 모든 제품을 꼭 확인하도록 하겠습니다.
We will make sure that our team checks each product before packaging it. ▶ package 포장하다

✉ E-mail

We finally resumed processing all the orders, including yours. 귀하가 주문하신 물품이 꼭 이번 주 금요일까지 배달되도록 하겠습니다. Thank you for your patience and cooperation.

마침내 귀하의 주문을 포함한 모든 주문 처리를 재개했습니다. We will make sure that your order is delivered by this coming Friday. 귀하의 인내와 협조에 감사드립니다.

>> resume 재개하다

Part 1 이메일 영어 **85**

비즈패턴 059

~에 대해 다시 한 번 사과드립니다

Once again, I apologize for…

앞서 이미 사과를 했지만, 미안한 마음을 강조하기 위해 다시 한 번 사과할 때 once again(다시 한 번)을 사용해서 이렇게 말하면 됩니다.

플러스 패턴   I'm terribly sorry for… ~에 대해 정말 죄송합니다

답장이 늦은 점 다시 한 번 사과드립니다.
Once again, I apologize for my late reply.

불편을 끼쳐 드려 다시 한 번 사과드립니다.
Once again, I apologize for the inconvenience.

선적이 지연된 점 다시 한 번 사과드립니다.
Once again, I apologize for the delay in the shipment.

제품이 파손된 것에 대해 다시 한 번 사과드립니다.
Once again, I apologize for the damaged product.   ▶ damaged 피해를 입은, 하자가 생긴

실전 활용 연습

✉ E-mail

I am very sorry to find that you are not satisfied with the products delivered to you. This morning, we sent three more items to your address by express mail. 제품이 파손된 것에 대해 다시 한 번 사과드립니다.

귀하에게 배송된 제품에 만족하지 못하셨다니 너무나 죄송합니다. 오늘 오전에 3개를 더 귀하의 주소로 속달 우편으로 보냈습니다. Once again, I apologize for the damaged products.

>> express mail 속달/급송 우편

**Work hard, be kind,
and amazing things will happen.**

열심히 일하라, 그리고 사람들에게 친절하게 대하라.
그러면 놀라운 일이 펼쳐질 것이다.

– 코난 오브라이언(Conan O'Brien)

Part 2

전화 영어

Unit 09 전화 걸기

Unit 10 전화 받기

Unit 11 통화가 어려울 때

Unit 12 메모 남기기

Unit 09
전화 걸기

060. This is ~ at/from…
저는 …의 ~입니다

061. This is…returning one's call
저는 …인데 ~의 전화가 왔길래 연락드립니다

062. I'd like to speak to…, please
~와 통화하고 싶습니다

063. Could you put me through to…, please? ~에게 연결해 주시겠어요?

064. Is…there, please?
~ 계신가요?

065. I'm calling about…
~ 건으로 전화드립니다

비즈패턴 060

저는 …의 ~입니다

This is ~ at/from…

전화 통화에서 자신이 누구인지 밝힐 때는 I am…이 아니라 This is…를 사용합니다. 소속 회사나 부서를 함께 밝히려면 'at/from/in + 부서 또는 회사'로 연결하면 됩니다.

플러스 패턴 I am calling from… ~에서 전화드립니다

저는 케이 마트의 마이클입니다.
This is Michael **at** K-Mart.

저는 동양출판의 준호입니다.
This is Junho **at** the Dongyang Publishing Company.

저는 인사부의 수진입니다.
This is Sujin **in** the Human Resources Department. ▶ Human Resources (= HR) 인사(부)

저는 마케팅부의 레이크입니다.
This is Lake **from** the Marketing Department.

실전 회화 연습

A May I speak to Mr. Smith, please?
B Who's calling, please?
A 동양출판의 김 부장입니다.

A 스미스 씨와 통화할 수 있을까요?
B 전화 거신 분은 누구시죠?
A **This is Senior Manager Kim at the Dongyang Publishing Company.**

>> senior manager 고위 간부, 부장

비즈패턴 061

저는 …인데 ~의 전화가 왔길래 연락드립니다
This is...returning one's call

부재중 전화에 대해 회신할 때 쓰는 패턴입니다. 여기서도 This is를 이용해 자기 이름을 말한 후, 뒤에 returning one's call을 붙여서 누구의 전화에 대한 회신인지 밝힙니다.

플러스 패턴 May I ask…? ~를 여쭤봐도 될까요?

저는 수미인데 전화 주셨길래 연락드립니다.
This is Sumi returning your call.

저는 샐리 헤이스인데 어제 전화 주셨길래 연락드립니다.
This is Sally Hayes returning your call from yesterday.

저는 존인데 톰의 전화가 왔길래 연락드립니다.
This is John returning Tom's call.

저는 마이크입니다. 이 번호로 전화가 왔길래 연락드립니다.
This is Mike returning a call from this number.

실전 회화 연습

A May I ask who's calling, please?
B 존입니다. 어제 전화 주셨길래 연락드려요.
A Oh, John. Thank you for calling me.

A 전화 거신 분은 누구시죠?
B This is John returning your call from yesterday.
A 오, 존. 전화해 줘서 고마워요.

>> call from yesterday 어제 온/건 전화

비즈패턴 062

~와 통화하고 싶습니다
I'd like to speak to..., please

통화하고 싶은 사람이나 부서를 말할 때 사용합니다. '통화하다'는 주로 동사 speak를 사용합니다. to 뒤에 원하는 사람이나 부서 등을 넣어서 말해 보세요.

플러스 패턴 Could I speak to...? ~와 통화할 수 있을까요?

정우성 씨와 통화하고 싶습니다.
I'd like to speak to Woosung Jung, **please.**

내일 회의 건으로 스미스 씨와 통화하고 싶습니다.
I'd like to speak to Mr. Smith about the meeting tomorrow, **please.**

팀장님과 통화하고 싶습니다.
I'd like to speak to a manager, **please.**
▶ manager 책임자, 과장

고객 서비스부와 통화하고 싶습니다.
I'd like to speak to Customer Service, **please.**

실전 회화 연습

A Hello. This is Jehun Lee in the Human Resources Department.
B Hi, Jehun. How may I help you?
A 내일 회의 건으로 팀장님과 통화하고 싶습니다.

A 여보세요. 인사부의 이제훈입니다.
B 안녕하세요, 제훈 씨. 무엇을 도와 드릴까요?
A **I'd like to speak to the manager about the meeting tomorrow, please.**

>> Human Resources Department 인사부

Part 2 전화 영어 **93**

비즈패턴 063

~에게 연결해 주시겠어요?

Could you put me through to..., please?

전화를 받은 사람에게 통화하고 싶은 사람을 연결해 달라고 할 때 사용하는 패턴입니다. put me through to는 '내 전화를 ~에게 연결하다'라는 뜻입니다.

플러스 패턴 I'll just transfer you to... ~로 (전화를) 바로 돌려 드리겠습니다

마이클 씨에게 연결해 주시겠어요?
Could you put me through to Michael, please?

마케팅 팀장님에게 연결해 주시겠어요?
Could you put me through to the marketing manager, please?

구매부로 연결해 주시겠어요?
Could you put me through to the Purchasing Department, please? ▶ Purchasing Department 구매부

내선번호 120으로 연결해 주시겠어요?
Could you put me through to extension 120, please? ▶ extension 내선번호

실전 회화 연습

A How may I help you?
B 마케팅부로 연결해 주시겠어요?
A Just a second. I'll put you through.

A 무엇을 도와 드릴까요?
B Could you put me through to the Marketing Department, please?
A 잠시만요. 연결해 드리겠습니다.

>> **second** (시간의 단위) 초; (아주) 잠깐

~ 계신가요?
Is…there, please?

통화하고 싶은 사람이 있는지 묻는 패턴으로 I'd like to speak to…, please.와 같은 의미라고 볼 수 있습니다. Is와 there 사이에 이름을 넣어서 물어보세요.

플러스 패턴 May I speak with…? ~와 통화할 수 있을까요?

수잔 씨 계신가요?
Is Susan there, please?

박 교수님 계신가요?
Is Professor Park there, please?

회의 책임자 계신가요?
Is the conference organizer there, please?
▶ organizer 주최자, 책임자

마케팅 담당 팀장님 계신가요?
Is the manager in charge of marketing there, please?
▶ be in charge of ~를 담당하다

A Hello. Englishtree Company. How may I help you?
B This is Junho. 스미스 씨 계신가요?
A Hold on a second.

A 여보세요, 잉글리시 트리입니다. 무엇을 도와 드릴까요?
B 저는 준호라고 합니다. **Is Mr. Smith there, please?**
A 잠시만 기다리세요.

>> hold on (명령문으로 쓰여) 기다리세요

065

~ 건으로 전화드립니다
# I'm calling about...

전화를 건 용건이 무엇인지 밝히는 표현입니다. call about은 '~에 대해 전화하다', 즉 '~ 건으로 전화하다'라는 뜻입니다.

플러스 패턴 I am calling to... ~하기 위해 전화드립니다

광고 건으로 전화드립니다.
I'm calling about the advertisement.
▶ advertisement 광고

프레젠테이션 파일 건으로 전화드립니다.
I'm calling about the presentation file.

내일 착수회의 건으로 전화드립니다.
I'm calling about the kickoff meeting tomorrow.
▶ kickoff meeting 착수회의

다음 주 출장 건으로 전화드립니다.
I'm calling about the business trip next week.

A Is the conference organizer there, please?
B May I ask who's calling, please?
A This is Dongwook Lee in the Marketing Department.
   다음 주 출장 건으로 전화드립니다.

A 회의 책임자 계신가요?
B 전화 거신 분은 누구시죠?
A 마케팅부의 이동욱입니다. I'm calling about the business trip next week.

>> organizer 조직자, 주최자

Unit 10

전화 받기

066. **회사/부서명+이름, speaking**
 ~의 …입니다

067. **May I ask…, please?**
 ~를 여쭤봐도 될까요?

068. **Just a second, please. I'll…**
 잠시만 기다리시면 ~해 드리겠습니다

069. **Do you mind -ing?**
 ~해 주시겠습니까?

070. **Let me see if…**
 ~인지 확인해 보겠습니다

071. **I'll connect you to…**
 ~로 연결해 드리겠습니다

~의 …입니다
회사/부서명 + 이름, speaking

회사에서 전화를 받을 때는 자기가 누구인지 밝히는 것이 에티켓입니다. 일반적으로 회사명이나 부서명을 말한 다음 '자신의 이름+speaking'을 붙여 말하면 됩니다.

플러스 패턴 Can I take your…, please? 귀하의 ~를 알려 주시겠습니까?

케이모바일 유승호입니다.
K-Mobile Enterprise. Seungho Yu speaking.
▶ enterprise 기업, 회사

슈퍼테크의 하퍼 스미스입니다.
Super Tech Corporation. Harper Smith speaking.
▶ corporation 기업, 회사

마케팅부의 샐리입니다.
Marketing Department. Sally speaking.

기획팀의 장수미입니다.
Planning Department. Sumi Jang speaking.

A 해외 마케팅부의 이시영입니다.
B Hello. This is Junho at K-Mart returning your call from yesterday.
A Hi, Junho. Thanks for calling me back.

A Overseas Marketing Department. Siyeong Lee speaking.
B 여보세요. 케이마트의 준호입니다. 어제 전화가 왔길래 연락드립니다.
A 안녕하세요, 준호 씨. 전화해 줘서 고마워요.

>> overseas 해외의, 외국의

067 ~를 여쭤봐도 될까요?
May I ask…, please?

전화 통화에서 상대방에게 정중하게 질문할 때 사용하는 패턴입니다. 질문할 내용을 ask 다음에 넣어서 물어보세요.

플러스 패턴 Thank you for calling… ~에 전화 주셔서 감사합니다

전화 거신 분은 누구신지 여쭤봐도 될까요?
May I ask who's calling, please?

누구랑 통화하고 싶으신지 여쭤봐도 될까요?
May I ask who you'd like to talk to, please?

전화 거신 이유를 여쭤봐도 될까요?
May I ask why you're calling, please?

전화 거신 용건을 여쭤봐도 될까요?
May I ask what it is regarding, please?

▶ regarding ~에 관하여

실전 회화 연습

A Hello. Life Inc. How may I help you?
B This is Susan at HumanTech. I'd like to speak to Manager Choi, please.
A 전화 거신 용건을 여쭤봐도 될까요?

A 안녕하세요. 라이프 사입니다. 무엇을 도와 드릴까요?
B 휴먼텍의 수잔입니다. 최 팀장님과 통화하고 싶은데요.
A May I ask what it is regarding, please?

>> Inc. '주식회사'라는 뜻의 Incorporated의 약자로, 미국에서 회사명 뒤에 자주 쓰인다.

068

잠시만 기다리시면 ~해 드리겠습니다
Just a second, please. I'll...

second는 원래 시간의 단위인 '초'를 가리키는 표현인데, '아주 잠깐'이라는 의미로 자주 쓰입니다. Just a second.는 Just a minute. 또는 Hold on a second. 등으로 바꾸어 쓸 수 있습니다.

플러스 패턴 I will connect you to... ~로 연결해 드리겠습니다

잠시만 기다리시면 연결해 드리겠습니다.
Just a second, please. I'll put you through.

잠시만 기다리시면 그분을 바꿔 드리겠습니다.
Just a second, please. I'll get him for you.

잠시만 기다리시면 수잔 씨에게 연결해 드리겠습니다.
Just a second, please. I'll connect you to Susan.
▶ connect 연결하다

잠시만 기다리시면 확인해 드리겠습니다.
Just a second, please. I'll check it out for you.

A Can I speak to Mr. Johnson, please?
B 잠시만 기다리시면 연결해 드리겠습니다.
A Thank you.

A 존슨 씨와 통화할 수 있을까요?
B Just a second, please. I'll put you through.
A 감사합니다.

>> put+사람+through (to) (~로) ~를 연결해 주다

비즈패턴 069

~해 주시겠습니까?
Do you mind -ing?

mind는 '싫어하다, 언짢아하다'라는 뜻으로서 Do you mind -ing?는 상대방이 싫어할 수도 있는 일에 대해 양해를 구하는 질문입니다. mind 뒤에는 동명사를 써야 합니다.

플러스 패턴 Could you repeat...? ~를 다시 말씀해 주시겠습니까?

몇 분만 기다려 주시겠습니까?
Do you mind waiting a few minutes?

오후에 다시 전화 주시겠습니까?
Do you mind calling me in the afternoon again?

제가 그것을 확인하는 동안 기다려 주시겠습니까?
Do you mind holding while I check on that?

프레젠테이션이 어땠는지 알려 주시겠습니까?
Do you mind telling me how the presentation was?

실전 회화 연습

A I'd like to know when I can pick up the product.
B 내일 오전에 다시 전화 주시겠습니까?
A Not at all.

A 제가 언제 제품을 가져갈 수 있는지 알고 싶습니다.
B Do you mind calling me back tomorrow morning?
A 알겠습니다.

>> pick up (어디에서) ~를 찾아오다

~인지 확인해 보겠습니다

Let me see if...

전화 통화 중에 간단한 확인이 필요할 때가 있지요. 이때의 if는 '~인지 아닌지'의 의미로, if 뒤에 확인이 필요한 내용을 '주어+동사' 형태로 넣으면 됩니다.

플러스 패턴   I'm afraid...   죄송합니다만 ~

스미스 씨가 전화를 받을 수 있는지 확인해 보겠습니다.
Let me see if Mr. Smith is available.

사장님께서 메모를 남기셨는지 확인해 보겠습니다.
Let me see if the boss left any messages.

상무님이 사무실에 계신지 확인해 보겠습니다.
Let me see if the managing director is in the office.   ▶ managing director 상무이사

제가 회의 일정을 다시 조정할 수 있는지 확인해 보겠습니다.
Let me see if I can rearrange the meeting schedule.   ▶ rearrange 재조정하다

A   This is the Customer Service Department speaking.
B   Hello. This is Seojin Lee from the Marketing Department. Could you put me through to the manager, please?
A   팀장님이 사무실에 계신지 확인해 보겠습니다.

A   고객 서비스부입니다.
B   안녕하세요. 마케팅부의 이서진입니다. 팀장님에게 연결해 주시겠어요?
A   **Let me see if the manager is in the office.**

>> Customer Service Department 고객 서비스부

071

~로 연결해 드리겠습니다
I'll connect you to...

전화를 다른 사람이나 부서에 연결해 줄 때 쓰는 패턴입니다. 전치사 to 다음에 사람 이름이나 직책, 부서 등을 넣으면 됩니다.

플러스 패턴 I can't get through to... ~로 연결이 되지 않습니다

총무팀으로 연결해 드리겠습니다.
I'll connect you to the General Affairs Team.
▶ general affairs 총무

김 대리에게 연결해 드리겠습니다.
I'll connect you to Assistant Manager Kim.
▶ assistant manager 대리, 부팀장

예약실로 연결해 드리겠습니다.
I'll connect you to the Reservation Office.

경리부로 연결해 드리겠습니다.
I'll connect you to the Accounting Department.
▶ Accounting Department 경리부, 회계부

A Thank you for calling Super Store. How may I help you?
B I'd like to change my reservation. Where should I call?
A **예약실로 연결해 드리겠습니다.**

A 슈퍼스토어에 전화 주셔서 감사합니다. 무엇을 도와드릴까요?
B 예약을 변경하고 싶은데요. 어디로 전화해야 하나요?
A **I'll connect you to the Reservation Office.**

>> change one's reservation 예약을 변경하다

Unit 11

통화가 어려울 때

072. I'm sorry but…
죄송합니다만 ~

073. She's not available as…
그분은 ~해서 자리에 안 계십니다

074. I'm afraid the line is…
죄송하지만 전화 연결이 ~합니다

075. I'll call you back…
제가 ~에 다시 전화드리겠습니다

076. Please call me if you…
~하시면 전화 주세요

077. I wanted to run through…
~를 알고 싶습니다

죄송합니다만 ~
I'm sorry, but...

전화 통화 중에 의사소통이 원활하지 않거나 상대방이 원하는 사항을 들어 줄 수 없을 때, 일단 미안하다고 한 다음 but을 붙여서 말해 보세요.

플러스 패턴 Would you mind -ing? ~해 주시겠습니까?

죄송합니다만 잘 들리지 않습니다.
I'm sorry, but I can't hear you.

죄송합니다만 수잔 씨는 지금 회의 중입니다.
I'm sorry, but Susan is in a meeting now.

죄송합니다만 문 이사님은 지금 통화 중이십니다.
I'm sorry, but Director Moon is on another line now.
▶ be on another line 다른 전화를 받고 있다

죄송합니다만 질문하신 내용을 못 들었습니다.
I'm sorry, but I didn't catch your question.

A Could you put me through to James, please?
B 죄송합니다만 지금 팀장님에게 연결해 드릴 수 없습니다.
A Okay. Then please tell him to call me back.

A 제임스에게 연결해 주시겠어요?
B I'm sorry, but I can't transfer your call to the manager now.
A 알겠습니다. 그럼 전화 부탁한다고 전해 주세요.

>> transfer 전달하다, 건네다

그분은 ~해서 자리에 안 계십니다

She's not available as...

상대방이 통화하고 싶어하는 사람이 자리에 없는 경우 available(이용 가능한, 시간이 있는)하지 않다고 표현하면 좋습니다. 통화가 어려운 이유는 as(~이기 때문에)를 이용해서 밝혀 주세요. 남자인 경우는 she 대신 he를 넣어서 표현합니다.

`플러스 패턴` I will pass on... ~를 전달하겠습니다

그분은 회의 중이어서 자리에 안 계십니다.
She's not available as she is in a meeting.

그분은 오늘 월차를 내셔서 자리에 안 계십니다.
She's not available as she has the day off today. ▶ day off (근무·일을) 쉬는 날

그분은 점심 식사 하러 가셔서 자리에 안 계십니다.
He's not available as he is out for lunch.

그분은 출장 중이어서 자리에 안 계십니다.
He's not available as he is traveling on business.

A May I speak to Director Lee, please?
B 그분은 출장 중이어서 자리에 안 계십니다.
A When will he be back in the office?

A 이 이사님과 통화할 수 있을까요?
B He's not available as he is traveling on business.
A 사무실에 언제 돌아오시나요?

　　>> director 임원, 이사

비즈패턴 074

죄송하지만 전화 연결이 ~합니다
I'm afraid the line is…

통화를 하다가 회선에 문제가 있거나 통화 중이어서 연결이 안 될 경우 line(회선)을 주어로 설명하면 됩니다. 이때 유감의 표현으로 I'm afraid를 맨 앞에 붙이세요.

플러스 패턴 I am afraid I can't… 죄송합니다만 ~할 수 없습니다

죄송하지만 전화의 연결 상태가 안 좋습니다.
I'm afraid the line is bad.

죄송하지만 지금 전화가 통화 중입니다.
I'm afraid the line is busy at the moment.
▶ busy 통화 중인

죄송하지만 전화가 계속 통화 중입니다.
I'm afraid the line is constantly busy.
▶ constantly 끊임없이

죄송하지만 지금은 전화 연결이 어렵습니다.
I'm afraid the line is off the hook now.
▶ off the hook (전화를 받지 않으려고, 혹은 실수로 수화기를) 내려놓은

실전 회화 연습

A Could you connect me to Vice Chairman Anderson, please?
B 죄송하지만 지금 전화가 통화 중입니다.
A All right. Then I'll call back later.

A 앤더슨 부회장님에게 연결해 주시겠어요?
B I'm afraid the line is busy at the moment.
A 알겠습니다. 나중에 다시 전화하겠습니다.

>> **vice chairman** 부회장, 부원장

비즈패턴 075

제가 ~에 다시 전화드리겠습니다
I'll call you back...

전화 받기 어려운 상황일 때 흔히 '제가 다시 전화 드릴게요'라고 하지요. 그때 사용하기 좋은 패턴입니다. 패턴 뒤에는 전화가 가능한 시간이나 조건 등을 넣어서 말하면 됩니다.

플러스 패턴 I will call up... ~로 전화를 걸어 보겠습니다

오늘 오후에 다시 전화드리겠습니다.
I'll call you back this afternoon.

제가 사무실에 돌아가서 다시 전화드리겠습니다.
I'll call you back when I get back to my office.
▶ get back to ~로 돌아가다

제가 돌아와서 다시 전화드리겠습니다.
I'll call you back when I return.

같은 문제가 생기면 다시 전화드리겠습니다.
I'll call you back if I have the same problem.

실전 회화 연습

A I won't be available until next Monday.
B All right. Have a nice business trip.
A 돌아와서 다시 전화드리겠습니다.

A 다음 주 월요일까지는 시간이 안 될 것 같습니다.
B 알겠습니다. 출장 잘 다녀오세요.
A I'll call you back when I return.

>> business trip 출장

~하시면 전화 주세요

Please call me if you...

질문이 있거나 필요한 게 있으면 전화하라고 배려해 주는 표현입니다. if you 뒤에 여러 가지 상황을 넣어 보세요.

플러스 패턴 I will ask ~ to... ~에게 …하라고 부탁하겠습니다

뭐든 질문 있으시면 전화 주세요.
Please call me if you have any questions.

서비스에 문제가 생기면 전화 주세요.
Please call me if you have any problems with the service.

정보가 더 필요하시면 전화 주세요.
Please call me if you need more information.

저희 제품에 관심이 있으시면 전화 주세요.
Please call me if you are interested in our products.

실전 회화 연습

A It was nice talking with you, Susan.
B Can I call you back for further information?
A Of course. 뭐든 질문 있으시면 전화 주세요.

A 수잔 씨, 통화 즐거웠습니다.
B 정보가 더 필요하면 다시 전화 드려도 될까요?
A 그럼요. **Please call me if you have any questions.**

>> **further** 더 이상의, 추가의

~를 알고 싶습니다
I wanted to run through...

run through는 '~를 훑어보다/확인하다' 정도의 의미입니다. '~하고 싶다'를 정중하게 표현할 때 관용적으로 과거형인 wanted to를 사용하기도 합니다.

플러스 패턴   Could I get more information on…?   ~에 대한 정보를 더 알 수 있을까요?

프레젠테이션 일정을 알고 싶습니다.
I wanted to run through the presentation schedule.

내일 회의 안건을 알고 싶습니다.
I wanted to run through the meeting agenda for tomorrow.   ▶ agenda 의제, 안건

저의 항공편 일정을 알고 싶습니다.
I wanted to run through my flight schedule.

출장 계획을 알고 싶습니다.
I wanted to run through the business trip plan.

실전 회화 연습

A   Can you talk now, Susan?
B   Sure. Go ahead.
A   다음 주 제 일본 출장 일정을 알고 싶어요.

A   수잔, 지금 통화 가능해요?
B   그럼요. 말씀하세요.
A   **I wanted to run through the schedule of my business trip to Japan next week.**

>> Go ahead. (하려던 것을) 어서 하세요.

Unit 12

메모 남기기

078. Would you like to…?
～하시겠어요?

079. Could you please…?
～해 주시겠습니까?

080. Could I…, please?
～해도 될까요?

081. Please tell him/her (that)…
～라고 전해 주세요

082. Please have him/her…
～하라고 해 주세요

083. Could I have the number of…?
～의 전화번호를 알 수 있을까요?

비즈패턴 078

~하시겠어요?
Would you like to…?

'~하고 싶다'라는 뜻의 would like to를 의문문 형태로 사용한 패턴으로, 상대방의 의향을 물을 때 자주 사용합니다. to 뒤에는 동사원형을 쓰세요.

플러스 패턴 Mind if I…? 제가 ~해도 될까요?

(전화를 끊지 않고) 기다리시겠어요?
Would you like to hold on?
▶ hold on (전화를 끊지 않고) 기다리다

내일 다시 전화하시겠어요?
Would you like to call again tomorrow?

나중에 다시 전화하시겠어요?
Would you like to call back later?

메시지를 남기시겠어요?
Would you like to leave a message?

실전 회화 연습

A Sorry, but he is in a meeting now.
B I see. Well…
A 나중에 다시 전화하시겠어요?

A 죄송합니다만, 그분은 지금 회의 중이십니다.
B 그렇군요. 음…
A Would you like to call back later?

>> be in a meeting 회의중이다

~해 주시겠습니까?
Could you please...?

비즈니스 상황에서 아주 정중하게 부탁을 할 때는 Can you please...?보다 Could you please...?를 쓰는 것이 좋습니다. please 다음에 요청하고자 하는 내용을 동사원형으로 연결하세요.

플러스 패턴 Thank you for... ~해 주셔서 감사합니다

끊지 말고 기다려 주시겠습니까?
Could you please hold the line?
▶ hold the line 전화를 끊지 않고 기다리다

저희한테 이메일로 질문을 보내 주시겠습니까?
Could you please email us your questions?

공장 주소를 다시 말씀해 주시겠습니까?
Could you please repeat the factory address?

송 감사님께 메모를 남겨 주시겠습니까?
Could you please leave a message for Auditing Director Song? ▶ auditing 회계 감사

A Sorry, but the general manager is out on business right now.
B Uh-huh. Well, it is urgent.
A 부장님께 메모를 남겨 주시겠습니까?

A 죄송합니다만, 부장님은 지금 외근 중이십니다.
B 이런. 급한 건데요.
A **Could you please leave a message for the general manager?**

　　>> general manager 부장, 총지배인

~해도 될까요?
Could I..., please?

이 패턴 역시 Can I..., please?(제가 ~해도 될까요?)보다 더 정중하게 상대방의 양해를 구하는 패턴입니다. Could I 뒤에 양해를 구하는 내용을 동사원형으로 넣어서 말하면 됩니다.

`플러스 패턴` Where can I reach...? ~에게 어디로 연락하면 되나요?

제가 다시 전화 드려도 될까요?
Could I call you back**, please?**

제가 메모를 받아 놓아도 될까요? (메모를 남기시겠어요?)
Could I take a message**, please?**
▸ take a message 메모를 받다

전화 거신 분은 누구신지 여쭤봐도 될까요?
Could I ask who's calling**, please?**

팩스 번호를 알려 주시겠어요?
Could I have your fax number**, please?**

A   Does Mr. Wilson know your phone number?
B   Probably not.
A   전화번호 좀 알려 주시겠어요?

A   윌슨 씨가 당신 전화번호를 알고 계신가요?
B   아마 모르실 겁니다.
A   Could I have your phone number, please?

>> probably 아마

081

~라고 전해 주세요
Please tell him/her (that)...

통화하고자 하는 사람이 자리에 없을 때 메모를 남기면서 사용하는 패턴입니다. 전달할 내용을 that 뒤에 '주어+동사' 형태로 말하며, that은 생략하기도 합니다.

플러스 패턴 Is it possible to...? ~해도 될까요?

제가 나중에 전화 드린다고 전해 주세요.
Please tell him that I will call back later.

제가 3시에 다시 전화 드리겠다고 전해 주세요.
Please tell him I will call again at three.

제가 이메일로 파일을 보냈다고 전해 주세요.
Please tell her I emailed her the file.

내일 오전 10시 이후에 언제든지 괜찮다고 전해 주세요.
Please tell her that anytime after 10 a.m. tomorrow is convenient.

▶ convenient 편리한, 편한

A Would you like to leave a message for him?
B 김 이사님께 계약서를 이메일로 보냈다고 전해 주세요.
A Okay, I will.

A 그분께 메모를 남기시겠습니까?
B **Please tell Director Kim that I emailed him the contract.**
A 네, 그렇게 전하겠습니다.

>> contract 계약, 계약서

~하라고 해 주세요
Please have him/her...

통화하고자 하는 사람이 자리에 없을 때 메모를 남기면서 쓰는 패턴입니다. 여기서 have는 사역동사이므로 have him/her 뒤에 동사원형을 써야 한다는 점을 주의하세요.

플러스 패턴 Would you like me to...? 제가 ~해 드릴까요?

저에게 전화해 달라고 해 주세요.
Please have her call me back.

제 사무실로 전화하라고 해 주세요.
Please have him call my office.

저한테 되도록 빨리 전화하라고 해 주세요.
Please have her call me as soon as possible.
▶ as soon as possible 가능한 한 빨리

서류를 가지고 제 사무실로 오라고 해 주세요.
Please have him come to my office with the document.
▶ document 서류

A Could I leave a message for him?
B Of course. I can take a message.
A 저한테 되도록 빨리 전화해 달라고 해 주세요.

A 그분에게 메모를 남겨도 될까요?
B 그럼요. 제가 메모를 받아 적겠습니다.
A Please have him call me as soon as possible.

>> as soon as possible 가능한 한 빨리, 되도록 빨리

■비즈패턴■

~의 전화번호를 알 수 있을까요?
Could I have the number of…?

개인 또는 부서 등의 전화번호를 물어볼 때 사용하는 패턴입니다. 상대방에게 뭔가를 줄 수 있냐고 정중하게 물어볼 때는 Could I have…?를 자주 사용합니다.

플러스 패턴 What is…? ~는 무엇입니까?

존슨 씨의 전화번호를 알 수 있을까요?
Could I have the number of Mr. Johnson?

아마존 호텔의 전화번호를 알 수 있을까요?
Could I have the number of the Hotel Amazon?

예약실의 전화번호를 알 수 있을까요?
Could I have the number of the Reservation Office? ▶ reservation 예약

존슨 박사님의 스마트폰 전화번호를 알 수 있을까요?
Could I have the number of Dr. Johnson's smartphone?

실전 회화 연습

A I'd like to speak to Shawn Mendes, please.
B Sorry, but he is not in the office. Would you like to leave a message?
A No, thanks. 손 멘데스 씨의 전화번호를 알 수 있을까요?

A 손 멘데스 씨와 통화하고 싶은데요.
B 죄송합니다만, 사무실에 안 계십니다. 메모를 남기시겠어요?
A 아니요. Could I have the number of Shawn Mendes?

Part 3

회의 및 협상 영어

- **Unit 13** 회의 시작하기
- **Unit 14** 의견 교환하기
- **Unit 15** 찬성 및 반대
- **Unit 16** 회의 진행하기
- **Unit 17** 제안 및 협상하기

Unit 13
회의 시작하기

084. **We're here today to discuss…**
오늘 모인 이유는 ~를 논의하기 위해서입니다

085. **The meeting is supposed to…**
회의는 ~할 예정입니다

086. **Our time zone is…** 우리의 시간대는 ~입니다

087. **Please join me in…**
저와 함께 ~해 주시기 바랍니다

088. **Let's kick off the meeting by…**
~하면서 회의를 시작하겠습니다

089. **Let's go over…** ~를 살펴보시죠

090. **Please turn your attention to…**
~를 봐 주시기 바랍니다

091. **We have…on the agenda** 의제는 ~입니다

092. **The first item on the agenda is…**
의제 중 첫 번째 안건은 ~입니다

093. **We have to keep A + B**
우리는 A를 B하게 해야 합니다

비즈패턴 084

오늘 모인 이유는 ~를 논의하기 위해서입니다

We're here today to discuss…

직역하면 '우리는 ~를 논의하기 위해 오늘 여기에 왔습니다'라는 뜻입니다. discuss는 타동사이므로 뒤에 about을 쓰지 않도록 주의하세요.

플러스 패턴 Our main goal today is to… 오늘의 주요 목적은 ~하는 것입니다

오늘 모인 이유는 **프로젝트 계획을** 논의하기 위해서입니다.
We're here today to discuss the project plans.

오늘 모인 이유는 **내년도 판매 목표를** 논의하기 위해서입니다.
We're here today to discuss the sales goal for next year.

오늘 모인 이유는 **해외 시장에서의 판매를** 논의하기 위해서입니다.
We're here today to discuss sales in overseas markets.   ▶ overseas 해외의

오늘 모인 이유는 **다가오는 여행 성수기에 대해** 논의하기 위해서입니다.
We're here today to discuss the upcoming tourist season.   ▶ upcoming 다가오는

실전 회화 연습

A   Can we get started?
B   Yes. Let's begin with you.
A   오늘 모인 이유는 프로젝트 계획을 논의하기 위해서입니다.

A   시작해도 될까요?
B   네. 당신부터 시작하시죠.
A   We're here today to discuss the project plans.

➤➤ get started 시작하다

Part 3 회의 및 협상 영어 **121**

085 The meeting is supposed to...

회의는 ~할 예정입니다

be supposed to는 '~하기로 되어 있다, ~할 예정이다'라는 의미로 '예정, 규칙, 의무, 습관' 등을 표현합니다. to 뒤에는 동사원형을 넣어 주세요.

플러스 패턴 First, we'll be talking about... 우선 ~에 대해 논의하겠습니다

회의는 약 한 시간 정도 진행될 예정입니다.
The meeting is supposed to last around one hour. ▶ last 지속되다, 계속되다

회의는 2시 정각에 시작할 예정입니다.
The meeting is supposed to start at two o'clock sharp. ▶ sharp 정각

회의는 2층에서 열릴 예정입니다.
The meeting is supposed to take place on the 2nd floor. ▶ take place 열리다, 개최되다

회의에 대표이사께서 참석할 예정입니다.
The meeting is supposed to include the CEO.
▶ include 포함하다

A We have a lot to cover in today's meeting.
B How long do you think it will take?
A 회의는 약 두 시간 정도 진행될 예정입니다.

A 오늘 회의에서 다룰 안건이 많습니다.
B 얼마나 걸릴까요?
A **The meeting is supposed to last around two hours.**

>> cover 다루다

■비즈패턴■
086

우리의 시간대는 ~입니다
Our time zone is...

시간대(time zone)에 대해서 설명하는 패턴입니다. 외국 업체와 회의를 할 때 시간 차이에 대해 사전에 인지하고 진행하는 것이 좋습니다.

플러스 패턴 I'd like to take a moment to introduce... 잠시 ~를 소개하겠습니다

우리 시간대는 그곳보다 2시간 빠릅니다.
Our time zone is two hours ahead of yours.
▶ ahead of ~ 앞에, ~보다 빨리

우리 시간대는 그곳보다 10시간 늦습니다.
Our time zone is ten hours behind yours.

우리 시간대는 일본과 동일합니다.
Our time zone is the same as Japan's.

우리 시간대는 한국 서울이 기준이며, 표준 시간대보다 9시간 빠릅니다.
Our time zone is Seoul, Korea, UTC +9.
▶ UTC (= Universal Time Coordinated) 협정 세계 표준시

실전 회화 연습

A What time is it in Korea now?
B It's 7 o'clock in the morning. 우리 시간대는 그곳보다 6시간 빠릅니다.
A I see. We need to call you during your business hours.

A 지금 한국은 몇 시죠?
B 아침 7시예요. Our time zone is six hours ahead of yours.
A 그렇군요. 그쪽 근무시간에 전화를 해야겠네요.

>> business hours 업무 시간, 영업 시간

비즈패턴 087

저와 함께 ~해 주시기 바랍니다
Please join me in...

회의 참석자들에게 어떤 행동이나 말 등을 함께 해 달라고 하는 패턴입니다. join은 '함께 하다, 참여하다'라는 뜻의 타동사입니다.

플러스 패턴 I'd like to welcome... ~를 환영합니다

저와 함께 박수를 보내 주시기 바랍니다.
Please join me in a round of applause.
▶ applause 박수

저와 함께 축배를 들어 주시기 바랍니다.
Please join me in raising your glass in celebration. ▶ celebration 기념, 축하

저와 함께 오늘의 첫 번째 연사를 환영해 주시기 바랍니다.
Please join me in welcoming today's first presenter. ▶ presenter 발표자

저와 함께 초청 연사를 따뜻하게 환영해 주시기 바랍니다.
Please join me in giving a warm welcome to our guest speaker.

실전 회화 연습

A Could I have your attention, please?
B Yeah, I am all ears.
A 저와 함께 스미스 씨의 금년도 업무 실적을 축하해 주시기 바랍니다.

A 주목해 주시겠습니까?
B 네, 집중하고 있습니다.
A **Please join me in celebrating Mr. Smith's business performance this year.**

>> **be all ears** 열심히 귀를 기울이다, 경청하다 **performance** 실적, 성과

비즈패턴 088

~하면서 회의를 시작하겠습니다
Let's kick off the meeting by...

kick off는 '시작하다'라는 의미이고 by 뒤에는 명사나 동명사를 씁니다.

플러스 패턴 I'll start with... ~로 시작하겠습니다

오늘 참석해 주신 데 대해 감사를 드리면서 회의를 시작하겠습니다.
Let's kick off the meeting by thanking you for your presence today. ▶ presence 참석, 존재함

다음의 예를 보면서 회의를 시작하겠습니다.
Let's kick off the meeting by looking at the following examples.

우리의 새로운 계획에 대한 얘기로 회의를 시작하겠습니다.
Let's kick off the meeting by talking about our new plan.

지난번 회의의 결과를 검토하면서 회의를 시작하겠습니다.
Let's kick off the meeting by reviewing the results of the last meeting.

실전 회화 연습

A I'd love to chat more, but we have a lot to cover today.
B 의제 중에서 첫 번째 안건 논의로 회의를 시작하겠습니다.
A The first item is about the paid vacation policy.

A 더 얘기 나누고 싶지만, 오늘 논의할 게 많네요.
B **Let's kick off the meeting by** discussing the first item on the agenda.
A 첫 번째 안건은 유급 휴가 정책에 대한 것입니다.

>> chat 이야기를 나누다   paid vacation 유급 휴가   policy 정책

비즈패턴

~를 살펴보시죠

Let's go over...

go over는 '훑어보다, 살펴보다'라는 뜻으로, 회의 참석자들에게 안건이나 내용 등을 함께 살펴보자고 제안할 때 사용하는 패턴입니다.

플러스 패턴 Check out..., please ~를 확인하시기 바랍니다

지난번 회의의 회의록을 살펴보시죠.
Let's go over the minutes of our last meeting.
▶ minutes 회의록

지난 회의에서 나온 질문들을 살펴보시죠.
Let's go over the questions we had in the last meeting.

미리 프레젠테이션 파일을 살펴보시죠.
Let's go over the presentation files in advance.
▶ in advance 미리, 사전에

오늘의 의제를 자세히 살펴보시죠.
Let's go over today's agenda carefully.

실전 회화 연습

A Has everyone received a copy of the agenda?
B I think so. Let's get started.
A 오늘의 의제를 자세히 살펴보시죠.

A 모두들 의제 목록을 받으셨나요?
B 그런 것 같습니다. 시작하시죠.
A Let's go over today's agenda carefully.

>> receive 받다

비즈패턴 090

~를 봐 주시기 바랍니다

Please turn your attention to...

turn one's attention to는 '주의를 ~로 돌리다'라는 뜻으로, 특정 사항에 집중해 달라고 요청하는 표현입니다. 여기서 to는 전치사이므로, 뒤에 명사나 동명사를 써야 합니다.

플러스 패턴 Please take a look at... ~를 살펴봐 주시기 바랍니다

다음 항목을 봐 주시기 바랍니다.
Please turn your attention to the following item.

10페이지에 있는 수치들을 봐 주시기 바랍니다.
Please turn your attention to the figures on page 10. ▶ figure 수치

판매량을 봐 주시기 바랍니다.
Please turn your attention to the sales amount.

장기적인 판매 목표를 봐 주시기 바랍니다.
Please turn your attention to the long-term sales goals. ▶ long-term 장기적인

실전 회화 연습

A Let's move on to the next item on the agenda.
B Oh, it is about the sales goals.
A Yes. 장기적인 판매 목표를 봐 주시기 바랍니다.

A 다음 의제로 넘어가겠습니다.
B 오, 판매 목표에 대한 거군요.
A 그렇습니다. **Please turn your attention to the long-term sales goals.**

>> move on 옮기다, 넘어가다

비즈패턴 091

의제는 ~입니다
We have...on the agenda

agenda는 '의제, 논의할 사항'이라는 뜻으로, have...on the agenda는 '~이 의제로 올라와 있다'라는 의미입니다. 본격적인 회의를 시작하기 전에 오늘의 의제를 말할 때 사용해 보세요.

플러스 패턴 I called this meeting to... ~하기 위해 이 회의를 소집했습니다

의제는 다섯 가지입니다.
We have five items **on the agenda.**

의제로 다룰 안건이 많습니다.
We have many issues **on the agenda.**
▶ issue 안건, 사안

의제는 해외 출장 건입니다.
We have overseas business trips **on the agenda.**

의제는 임금 인상 건입니다.
We have the issue of a wage increase **on the agenda.**
▶ wage increase 임금 인상

실전 회화 연습

A How long will the meeting last?
B 의제는 다섯 가지입니다.
A I think we can finish them before lunch.

A 회의가 얼마나 걸릴까요?
B **We have five items on the agenda.**
A 점심시간 전에 마칠 수 있겠군요.

>> last 지속되다, 계속되다

비즈패턴 092

의제 중 첫 번째 안건은 ~입니다

The first item on the agenda is...

의제(agenda)에는 여러 개의 안건(item)들이 포함되어 있는데, 그중 첫 번째 안건을 소개하는 패턴입니다. 회의를 진행할 때 자주 쓰는 표현이니 꼭 익혀 두세요.

플러스 패턴 Let's get down to... 본격적으로 ~하겠습니다

의제 중 첫 번째 안건은 해외 시장입니다.
The first item on the agenda is overseas markets.

의제 중 첫 번째 안건은 공동 워크숍입니다.
The first item on the agenda is the joint workshop. ▶ joint 공동의

의제 중 첫 번째 안건은 양질의 관리입니다.
The first item on the agenda is the quality of the maintenance. ▶ maintenance 관리, 보수

의제 중 첫 번째 안건은 매출 증대 방안입니다.
The first item on the agenda is how to increase sales.

 **실전 회화 연습**

A I'd love to chat, but let's kick off the meeting.
B 의제 중 첫 번째 안건은 해외 시장입니다.
A Tom, please give us your thoughts on the issue.

A 담소를 나누고 싶지만, 회의를 시작하시죠.
B The first item on the agenda is overseas markets.
A 톰, 이 안건에 대한 생각을 말해 주세요.

Part 3 회의 및 협상 영어

비즈패턴 093

우리는 A를 B하게 해야 합니다

We have to keep A+B

〈keep＋A(목적어)＋B(형용사/명사)〉의 구조는 'A를 B로 유지하다'라는 뜻입니다. 회의나 회의에서 다루는 내용을 어떻게 유지해야 하는지 강조할 때 사용해 보세요.

플러스 패턴   We have to be out of here by... 우리는 ~까지 마쳐야 합니다

우리는 오늘 회의를 짧게 해야 합니다.
We have to keep today's meeting short.

우리는 회의 소요시간을 30분으로 해야 합니다.
We have to keep the meeting 30 minutes in length.
▶ in length 길이는, 길이에 있어서

우리는 마지막 안건을 비밀로 해야 합니다.
We have to keep the last item secret.
▶ keep...secret ~를 비밀로 하다

우리는 오늘 회의를 가능한 한 짧게 해야 합니다.
We have to keep today's meeting as brief as possible.

실전 회화 연습

A   How many items do we have on the agenda?
B   We have six items today.
A   오늘 회의는 가능한 한 짧게 해야 합니다.

A   회의 안건이 몇 개나 되죠?
B   오늘은 안건이 6개입니다.
A   **We have to keep today's meeting as brief as possible.**

>> brief 짧은, 간단한

Unit 14

의견 교환하기

094. Let's go around and…
돌아가면서 ~하겠습니다

095. In my opinion… 제 생각에는 ~

096. I believe that… ~라고 생각합니다

097. Excuse me for interrupting you…
말을 끊어서 죄송합니다만 ~

098. Could we let…finish, please?
먼저 ~의 말을 끝까지 들어 봐도 될까요?

099. What are your thoughts on…?
~에 대해 어떻게 생각하세요?

100. Are you saying…?
~라는 말씀이신가요?

비즈패턴 094

돌아가면서 ~하겠습니다
Let's go around and...

회의에서 참석자 모두가 차례대로 돌아가면서 발언하도록 하는 표현입니다. around 대신 round를 써도 되지만 around가 더 자주 사용됩니다.

플러스 패턴 Let's take turns... 돌아가면서 ~하겠습니다

돌아가면서 자기 소개를 하겠습니다.
Let's go around and introduce ourselves.
▶ introduce 소개하다

돌아가면서 이름과 부서명을 말하겠습니다.
Let's go around and say your name and department.

돌아가면서 다른 사람들은 어떻게 생각하시는지 알아보겠습니다.
Let's go around and see what others think.

돌아가면서 모두 이에 대해 어떤 입장이신지 알아보죠.
Let's go around and see where everyone stands on this.
▶ stand on (~에 대해 특정한) 입장에 있다, 의견을 가지고 있다

실전 회화 연습

A   Have you met Director Lee from the Busan office?
B   No, I haven't met the other participants either.
A   돌아가면서 간단히 자기 소개를 하죠.

A   부산 지사의 이 실장님을 뵌 적이 있나요?
B   아니요, 다른 참석자분들도 뵌 적이 없습니다.
A   Let's go around and introduce ourselves briefly.

>> participant 참석자   briefly 간단히

제 생각에는 ~
In my opinion...

회의에서 안건이나 주제에 대해 자신의 생각을 표현할 때 사용해 보세요. I think...와 같은 의미로 사용할 수 있습니다.

플러스 패턴 I'm positive that... ~라고 확신합니다

제 생각에는 신제품은 성공적입니다.
In my opinion, the brand-new product is a success.

제 생각에는 우리의 시장을 다각화해야 합니다.
In my opinion, we need to diversify our markets. ▶ diversify 다양화하다, 다각화하다

제 생각에는 디자인에 대한 소비자들의 반응이 좋습니다.
In my opinion, the consumers' responses to the design are good. ▶ response 반응, 답장

제 생각에는 저희는 새로운 노력을 기울여야 합니다.
In my opinion, we should make a new effort.
▶ effort 노력, 수고

실전 회화 연습

A   How was the sales performance in the Asian market?
B   It was worse than expected.
A   제 생각에는 우리 제품을 위해 새로운 시장을 개척해야 합니다.

A   아시아 시장에서 매출 실적이 어땠어요?
B   예상보다 안 좋았습니다.
A   In my opinion, we need to find a new market for our products.

>> sales performance 판매 실적, 매출 실적

~라고 생각합니다
I believe that...

자신의 생각이나 의견을 강하게 말할 때 사용합니다. that 뒤에는 '주어+동사'의 절이 나오며, that은 생략할 수 있습니다. believe 앞에 strongly를 넣으면 보다 강력한 어조가 됩니다.

플러스 패턴 In my experience,... 제 경험에 비춰 볼 때 ~

우리 시장은 안정화되었다고 생각합니다.
I believe that our market has stabilized.
▶ stabilize 안정되다, 안정시키다

소비자들이 이 정도 금액은 지불할 것이라고 생각합니다.
I believe that consumers pay this amount.

적자를 줄일 필요가 있다고 확신합니다.
I strongly believe that you need to reduce the deficit. ▶ deficit 적자

프로그램을 확대해야 한다고 확신합니다.
I strongly believe that we should expand the program. ▶ expand 확대하다, 확장하다

실전 회화 연습

A What do you think about the price of our brand-new product?
B 소비자들이 이 정도 금액은 지불할 것이라고 확신합니다.
A All right. Then let's go around and hear from everyone.

A 우리의 신제품 가격에 대해 어떻게 생각하세요?
B **I strongly believe that** consumers should pay this amount.
A 좋습니다. 그럼 돌아가면서 모두의 의견을 들어 보겠습니다.

>> **brand-new** 아주 새로운, 신상품의

097

말을 끊어서 죄송합니다만 ~
Excuse me for interrupting you...

회의 중에 상대방의 말을 중간에 끊고 자신의 의견을 말할 때 사용하는 패턴입니다. interrupt는 말이나 행동을 '방해하다, 중단시키다'라는 뜻입니다.

플러스 패턴 If I may, I think... 한 말씀 드려도 된다면 저는 ~라고 생각합니다

말을 끊어서 죄송합니다만 간단한 질문을 하나 드리겠습니다.
Excuse me for interrupting you. I have a quick question.

말을 끊어서 죄송합니다만 그건 제가 질문했던 것이 아닙니다.
Excuse me for interrupting you. That's not what I asked.

말을 끊어서 죄송합니다만 주제에서 벗어나셨습니다.
Excuse me for interrupting you. You are off topic. ▶ off topic 주제에서 벗어난

말을 끊어서 죄송합니다만 이제 본론으로 들어가시죠.
Excuse me for interrupting you. Let's get down to business.

실전 회화 연습

A That's why I strongly believe our brand-new product is a success and...
B 말을 끊어서 죄송합니다만 간단한 질문 하나 드리겠습니다.
A No problem. Go ahead.

A 그래서 우리 신제품은 성공적이라고 확신합니다. 그리고…
B Excuse me for interrupting you. I have a quick question.
A 네, 그러시죠.

비즈패턴 098

먼저 ~의 말을 끝까지 들어 봐도 될까요?
Could we let...finish, please?

회의 도중에 한 참가자가 다른 참가자의 발언을 끊으려고 할 때, 사회자는 이 표현을 써서 제재할 수 있습니다. 'let+사람+finish'는 '~가 (말을) 끝내게 하다'라는 뜻이에요.

플러스 패턴 Sorry, but can I finish...? 죄송합니다만 제가 ~를 마저 끝내도 될까요?

먼저 수잔 씨의 말을 끝까지 들어 봐도 될까요?
Could we let Susan finish, please?

먼저 발표자의 말을 끝까지 들어 봐도 될까요?
Could we let the presenter finish, please?
▶ presenter 발표자

먼저 연구소장님의 말씀을 끝까지 들어 봐도 될까요?
Could we let the laboratory chief finish, please? ▶ laboratory 연구소

먼저 이사진의 말을 끝까지 들어 봐도 될까요?
Could we let the board members finish, please? ▶ board members 이사진

실전 회화 연습

A We need to find what our competitors are doing in the market.
B Excuse me for interrupting you. May I ask you a question?
C 먼저 연구소장님의 말씀을 끝까지 들어 봐도 될까요?

A 경쟁업체들이 시장에서 어떻게 하고 있는지 알아볼 필요가 있습니다.
B 말을 끊어서 죄송합니다만 질문을 하나 드려도 될까요?
C **Could we let the laboratory chief finish, please?**

>> **competitor** (특히 사업에서) 경쟁자, 경쟁업체

비즈패턴 099

~에 대해 어떻게 생각하세요?
What are your thoughts on…?

회의는 서로의 의견을 교환하는 자리인 만큼 상대방의 생각과 의견을 자주 묻게 됩니다. 바로 이럴 때 thought(생각)을 이용해서 이렇게 물어보세요.

플러스 패턴 What are your views on…? ~에 대한 견해가 어떠신가요?

새로운 디자인에 대해 어떻게 생각하세요?
What are your thoughts on the new design?

이 문제에 대해 어떻게 생각하세요?
What are your thoughts on this matter?

공장 견학 제안에 대해 어떻게 생각하세요?
What are your thoughts on the suggested visit to the factory?

권고안에 대해 어떻게 생각하세요?
What are your thoughts on the recommendations?
▶ recommendation 추천, 권고

실전 회화 연습

A Let's go around and see what the others think.
B 문제에 대한 제시된 해결책에 대해 어떻게 생각하세요?
C That sounds perfect.

A 돌아가면서 다른 분들은 어떻게 생각하는지 알아보죠.
B What are your thoughts on the suggested solutions to the problem?
C 아주 좋습니다.

>> solution to ~에 대한 해결책

■ 비즈패턴 ■

~라는 말씀이신가요?

Are you saying...?

상대방이 말한 내용을 자신이 제대로 이해한 것인지 확인하는 질문입니다. 어조에 따라서는 따지는 느낌을 줄 수도 있으니 주의하세요. 뒤에 that을 써도 되고 생략해도 됩니다.

플러스 패턴 I didn't catch... ~를 못 들었습니다

디자인을 바꿔야 한다는 말씀이신가요?
Are you saying we need to change designs?

우리 제품들에 문제가 있다는 말씀이신가요?
Are you saying our products have problems?

틈새시장을 개척해야 한다는 말씀이신가요?
Are you saying we should find niche markets?
▶ niche market 틈새시장

디자인 때문에 판매가 부진하다는 말씀이신가요?
Are you saying the design has caused poor sales?
▶ poor sales 판매 부진, 매출 부진

실전 회화 연습

A What are your thoughts on the problem?
B In my opinion, our customers are not satisfied with the design.
C 디자인을 바꿔야 한다는 말씀이신가요?

A 이 문제에 대해 어떻게 생각하세요?
B 제 생각에는 고객들이 디자인에 만족하지 못한다고 봅니다.
C Are you saying we should change the design?

>> be satisfied with ~에 만족하다

Unit 15

찬성 및 반대

101. I agree with A on…
~에 있어 A에게 동의합니다

102. I'm with A on…
~에 대해 A의 의견에 동의합니다

103. I couldn't agree more with…
~에 전적으로 동의합니다

104. I agree with you in principle, but…
원칙적으로 동의합니다만 ~

105. I see your point, but…
무슨 말씀인지는 알겠습니다만 ~

106. Yes, in a way; however,…
네, 어떤 면에서는 동의합니다만 ~

107. I disagree because…
~때문에 저는 동의하지 않습니다

비즈패턴 101

~에 있어 A에게 동의합니다

I agree with A on...

동사 agree는 '동의하다'란 뜻으로, 전치사 with 뒤에는 동의하는 대상을 말하고 전치사 on 뒤에는 동의하는 내용을 말합니다.

플러스 패턴 I agree that... ~라는 데 동의합니다

그 점에 있어 당신 말에 동의합니다.
I agree with you on that.

이 문제에 있어 당신에게 동의합니다.
I agree with you on this issue.

이것에 대해 에반에게 동의합니다.
I agree with Evan on this one.

이 점에 있어 마이크 의견에 동의합니다.
I agree with Mike on this point.

실전 회화 연습

A Are you positive about the market for our brand-new products?
B I'm no expert on this, but I think we should wait for the market's reaction.
C 그 점에 있어 당신 의견에 동의합니다.

A 우리의 신제품 시장에 대해 긍정적으로 생각하세요?
B 이 부분에 대해 제가 전문가는 아니지만, 시장 반응을 기다릴 필요가 있다고 생각합니다.
C **I agree with you on that.**

>> positive 긍정적인   market's reaction 시장 반응

비즈패턴 102

~에 대해 A의 의견에 동의합니다
I'm with A on...

누군가의 의견이나 입장에 동의한다고 할 때 with를 사용할 수 있습니다. be with는 '~의 말을 지지하다/찬성하다'라는 의미로도 쓰이거든요. 무엇에 대해 동의하는지는 on으로 연결해 주세요.

플러스 패턴 I'd go along with... ~에 찬성합니다

그 점에 대해서 당신의 의견에 동의합니다.
I'm with you on that.

당신이 하신 말씀에 전부 다 동의합니다.
I'm with you on everything you said.

디자인 사양에 대한 스미스 씨의 의견에 동의합니다.
I'm with Mr. Smith on the design specifications. ▸ specification 사양

아프리카로 우리의 시장을 확장해야 한다는 수잔 씨의 의견에 동의합니다.
I'm with Susan on expanding our market into Africa. ▸ expand 확대하다, 확장하다

실전 회화 연습

A Now let's move on to the next item on the agenda.
B Before that, what do you think about the design?
A 디자인 방침에 대해 스미스 씨 의견에 동의합니다.

A 이제 의제 중 다음 항목으로 넘어가죠.
B 그 전에, 디자인에 대해 어떻게 생각하시나요?
A I'm with Mr. Smith on the design plan.

>> move on to ~로 넘어가다/이동하다 plan 계획, 방침

비즈패턴 103

~에 전적으로 동의합니다
I couldn't agree more with...

상대방의 의견, 제안 등이 자신의 생각과 정확히 맞아 떨어질 때 사용하는 표현입니다. 문자 그대로 '더 이상 동의할 수 없을 정도로 동의한다', 즉 '전적으로 동의한다'는 뜻입니다.

플러스 패턴 That's exactly... 정확히 ~ 그대로입니다

당신의 생각에 전적으로 동의합니다.
I couldn't agree more with you.

최 이사님의 생각에 전적으로 동의합니다.
I couldn't agree more with Director Choi.

당신의 보고서에 전적으로 동의합니다.
I couldn't agree more with your report.
▶ report 보고서

방금 엘리자베스가 말한 것에 전적으로 동의합니다.
I couldn't agree more with what Elizabeth just said.

실전 회화 연습

A What do you think of my suggestion?
B 전적으로 동의합니다.
A Wow, thank you for agreeing with me.

A 저의 제안에 대해 어떻게 생각하세요?
B I couldn't agree more with you.
A 와, 동의해 주셔서 감사합니다.

>> suggestion 제안, 제의, 의견

비즈패턴 104

원칙적으로 동의합니다만~

I agree with you in principle, but…

상대방의 주장이나 의견에 기본적으로는 동의하지만, 약간의 이견이 있거나 다른 제안을 할 때 사용하는 패턴입니다. in principle은 '원칙적으로, 대체적으로'라는 뜻입니다.

플러스 패턴 I agree to some extent, but… 어느 정도는 동의하지만

원칙적으로 동의합니다만 우리는 조심해야 합니다.
I agree with you in principle, but we should be careful.

원칙적으로 동의합니다만 우리는 서두르지 않아야 합니다.
I agree with you in principle, but we need to slow down. ▶ slow down (속도를) 늦추다

원칙적으로 동의합니다만 기다려 보시죠.
I agree with you in principle, but let's wait and see.

원칙적으로 동의합니다만 더 좋은 생각이 있습니다.
I agree with you in principle, but I have a better idea.

실전 회화 연습

A   What do you think about Director Song's claim?
B   Well, I'm with him on the need to expand our overseas market. What about you?
A   원칙적으로 동의합니다만 우리는 서두르지 않아야 합니다.

A   송 이사님의 주장에 대해 어떻게 생각하세요?
B   우리의 해외 시장을 확대해야 한다는 점에서 그의 의견에 동의합니다. 어떻게 생각하세요?
A   **I agree with you in principle, but we need to slow down.**

비즈패턴 105

무슨 말씀인지는 알겠습니다만 ~

I see your point, but…

상대방의 주장을 이해하기는 하지만 다른 생각을 갖고 있을 때 이 패턴을 사용하면 부드럽게 자신의 의견을 개진할 수 있습니다. point 대신 point of view(관점, 견해)를 써도 됩니다.

플러스 패턴 True enough, but… 맞는 말씀입니다만 ~

무슨 말씀인지는 알겠습니다만 여전히 의문이 남습니다.
I see your point, but I still have some doubts.

무슨 말씀인지는 알겠습니다만 저는 그 점에 대해 생각이 조금 다릅니다.
I see your point, but I have a different idea on that.

무슨 말씀인지는 알겠습니다만 다른 분들의 의견을 구해 보는 것은 어떨까요?
I see your point of view, but why don't we ask some others?

무슨 말씀인지는 알겠습니다만 시장이 걱정스럽습니다.
I see your point of view, but I'm concerned about the market.

▶ be concerned about ~를 걱정하다

실전 회화 연습

A Mr. Smith, do you agree with my suggestion?
B 무슨 말씀인지는 알겠습니다만 결과가 걱정스럽습니다.
A I see. Let me give you more details on the design.

A 스미스 씨, 제 제안에 동의하시나요?
B I see your point, but I am concerned about the results.
A 알겠습니다. 디자인에 대해 좀 더 자세하게 설명드리죠.

>> **detail** 세부 사항

비즈패턴 106

네, 어떤 면에서는 동의합니다만 ~
Yes, in a way; however,...

상대방과 생각이 다르다고 해서 I don't think so.라고 하면 상대의 기분이 나쁠 수도 있으니 이렇게 완화된 표현을 사용해 보세요. in a way는 '어떤 면에서는'이라는 뜻입니다.

플러스 패턴 On the whole, I agree with you, but... 대체로 동의합니다만 ~

네, 어떤 면에서는 동의합니다만 엔지니어에게 물어보는 건 어떨까요?
Yes, in a way; however, why don't we ask the engineer?

네, 어떤 면에서는 동의합니다만 결과를 다시 한 번 확인해야 합니다.
Yes, in a way; however, we need to double-check the results.
▶ double-check 다시 한 번 확인하다, 재확인하다

네, 어떤 면에서는 동의합니다만 여전히 더 자세한 내용을 알고 싶습니다.
Yes, in a way; however, I still want more details.

네, 일부분 동의합니다만 더 큰 회의실을 예약해야 합니다.
Yes, in a way; however, we should book a bigger meeting room.
▶ book (식당·호텔 등을) 예약하다

실전 회화 연습

A What are your thoughts on the plan?
B 네, 어떤 면에서는 동의합니다만 아시아 시장은 다릅니다.
A Could you explain what differences there are in the Asian market, please?

A 계획에 대해 어떻게 생각하세요?
B Yes, in a way; however, the Asian market is different.
A 아시아 시장이 어떻게 다른지 설명해 주시겠습니까?

비즈패턴 107

~때문에 저는 동의하지 않습니다

I disagree because…

회의에서 상대방과 의견이 다를 때 '다른 입장이다'라는 뜻으로 I disagree를 자주 쓰는데, 가능하면 뒤에 because를 써서 왜 생각이 다른지 밝히는 것이 좋습니다.

플러스 패턴 I'm not with you on… 저는 ~에 대해 다른 입장입니다

당신의 아이디어는 비용이 더 발생하기 때문에 저는 동의하지 않습니다.
I disagree because your idea will cost us more.

당신이 제 요점을 파악하지 못했기 때문에 저는 동의하지 않습니다.
I disagree because you missed my main point.

고객들이 점점 까다로워지고 있기 때문에 저는 동의하지 않습니다.
I disagree because customers are getting picky.
▶ picky 까다로운, 눈이 높은

우리가 피해 입을 가능성이 우려되기 때문에 저는 동의하지 않습니다.
I disagree because I am afraid of the potential damage to us.
▶ potential 가능성이 있는, 잠재적인

실전 회화 연습

A May I interrupt you for a moment?
B Sure. Go ahead.
A 요즘 중국 고객들이 점점 까다로워지고 있기 때문에 저는 동의하지 않습니다.

A 잠시 제가 한마디 해도 될까요?
B 그럼요. 말씀하세요.
A **I disagree because Chinese customers are getting picky these days.**

>> interrupt (말·행동을) 방해하다, 중단시키다

Unit 16

회의 진행하기

108. I'd like to skip… ~는 생략하겠습니다

109. I suggest we do…last
~는 맨 나중에 다룰 것을 제안합니다

110. I think that's enough for…
~는 이 정도면 충분하다고 생각합니다

111. Let's take a break for…
잠시 ~동안 쉬겠습니다

112. Let's get back to…
~로 다시 돌아가겠습니다

113. Let's take a quick vote on…
~에 대해 간단히 투표를 하겠습니다

114. We're running behind now, so…
지금 예정보다 늦어져서 ~

115. Let's wrap up… ~를 마치겠습니다

~는 생략하겠습니다
I'd like to skip...

회의에서 특정 의제를 논의하지 않고 넘어갈 때 사용하는 패턴입니다. skip은 '생략하다, 건너뛰다'라는 뜻인데, 식사를 거르거나 수업을 빼먹는 것도 skip으로 표현합니다.

플러스 패턴   Why don't we skip...? ~를 건너뛸까요?

의제의 5번 안건은 생략하겠습니다.
I'd like to skip item 5 on the agenda.

2번 안건은 생략하고 3번 안건으로 넘어가겠습니다.
I'd like to skip item 2 and move on to item 3.

질의응답 시간은 생략하겠습니다.
I'd like to skip the Q&A session.
▶ session (특정 활동을 위한) 시간, 기간

점심은 생략하고 회의를 계속하겠습니다.
I'd like to skip lunch and continue our meeting.

실전 회화 연습

A It's already 11:50.
B Wow, we lost track of time.
A 의제 3번은 생략하고 4번으로 넘어가겠습니다.

A 벌써 11시 50분이네요.
B 와, 시간 가는 줄 몰랐네요.
A I'd like to skip item 3 and move on to item 4.

>> lose track of time 시간 가는 것을 잊다

비즈패턴 109

~는 맨 나중에 다룰 것을 제안합니다

I suggest we do...last

회의를 하다 보면 안건의 순서가 섞이기도 합니다. 특정 안건을 맨 나중에 처리하자고 제안할 때 이 패턴을 사용해 보세요.

플러스 패턴 Let's skip to... 다른 건 생략하고 ~로 넘어가겠습니다

두 번째 안건은 맨 나중에 다룰 것을 제안합니다.
I suggest we do item 2 last.

질의응답 시간은 맨 나중에 가질 것을 제안합니다.
I suggest we do the Q&A session last.

토론 시간은 맨 나중에 가질 것을 제안합니다.
I suggest we do the discussion session last.

예산은 맨 나중에 다룰 것을 제안합니다.
I suggest we do the budget last.
▶ budget 예산

실전 회화 연습

A May I ask you some questions about the design, please?
B Sorry, but 디자인 안건들은 맨 나중에 다룰 것을 제안합니다.
A All right. I see.

A 디자인에 대해 질문 드려도 되겠습니까?
B 죄송합니다만, **I suggest we do the design issues last.**
A 알겠습니다.

>> **All right.** 알았어요./좋아요.

~는 이 정도면 충분하다고 생각합니다
I think that's enough for…

회의 진행자가 논의 시간을 적절하게 조절할 때 사용할 수 있는 표현입니다. That's enough for…는 '~는 그 정도로 충분하다', 즉 '~는 많이 얘기했으니 그만 얘기하자'는 의미가 됩니다.

플러스 패턴 Let's move on to… ~로 넘어가겠습니다

첫 번째 안건은 이 정도면 충분하다고 생각합니다.
I think that's enough for the first item.

시작은 이 정도면 충분하다고 생각합니다.
I think that's enough for the beginning.

오늘은 이 정도면 충분하다고 생각합니다.
I think that's enough for today.

지난 회의 검토는 이 정도면 충분하다고 생각합니다.
I think that's enough for the review of the last meeting.

A 첫 번째 안건은 이 정도면 충분하다고 생각합니다.
B Sounds good.
A Okay, let's look at item 2.

A I think that's enough for the first item.
B 좋습니다.
A 그럼 두 번째 안건을 보시죠.

>> **Sounds good.** 좋은 생각이에요. (상대방의 제안에 동의하며 맞장구치는 표현)

비즈패턴 111

잠시 ~동안 쉬겠습니다
Let's take a break for...

회의 진행 도중에 10~20분 정도 쉬자고 제안하는 표현입니다. take a break는 '잠시 휴식을 취하다'라는 뜻입니다.

플러스 패턴 It's time for... ~할 시간입니다

잠시 10분 간 쉬겠습니다.
Let's take a break for ten minutes.

이제 잠시 쉬면서 바람 좀 쐬시죠.
Let's take a break for now and get some fresh air.

잠시 커피 마시면서 쉬시죠.
Let's take a break for coffee.

잠시 쉬겠습니다.
Let's take a break for a while.

▶ for a while 잠시 동안, 잠깐

실전 회화 연습

A I feel like drinking a cup of coffee.
B 잠시 커피 마시면서 쉬시죠.
A That sounds good.

A 커피 한 잔 마시고 싶네요.
B Let's take a break for coffee.
A 좋습니다.

\>\> feel like -ing ~하고 싶다

■ 비즈패턴 ■

~로 다시 돌아가겠습니다
Let's get back to…

get back to는 go back to와 같은 의미로, 회의 중에 특정 내용이나 주제로 다시 돌아가고자 할 때 사용합니다. 회의 진행 시 아주 유용하게 활용할 수 있습니다.

플러스 패턴 Why don't we return to…? ~로 돌아갈까요?

회의 주제로 다시 돌아가겠습니다.
Let's get back to the topic of the meeting.

의제의 3번 안건으로 다시 돌아가겠습니다.
Let's get back to item 3 on the agenda.

주제로 다시 돌아가겠습니다.
Let's get back to the point.

첫 번째 질문으로 다시 돌아가겠습니다.
Let's get back to the first question.

A I think you haven't answered the second question.
B Sorry. It slipped my mind.
A 두 번째 질문으로 다시 돌아가겠습니다.

A 두 번째 질문에 답변을 안 하신 것 같군요.
B 미안합니다. 깜박했네요.
A Let's get back to the second question.

>> slip one's mind 잊어버리다, 깜박 잊다

비즈패턴 113

~에 대해 간단히 투표를 하겠습니다
Let's take a quick vote on...

take a vote는 '투표하다'라는 의미로, 무엇에 대해 투표하는지를 말할 때는 뒤에 전치사 on으로 연결하면 됩니다.

플러스 패턴 Are there any more…? ~가 더 있으신가요?

이 문제에 대해 간단히 투표를 하겠습니다.
Let's take a quick vote on the issue.

새로운 웹사이트 디자인에 대해 간단히 투표를 하겠습니다.
Let's take a quick vote on our new website design.

어떤 디자인이 가장 좋은지에 대해 간단히 투표를 하겠습니다.
Let's take a quick vote on which design is best.

시간을 줄이기 위해 간단히 투표를 하겠습니다.
Let's take a quick vote to save time.

실전 회화 연습

A　We have mixed opinions on the design.
B　We need to rush as we are running behind.
A　디자인을 수정할지 말지에 대해 간단히 투표를 하겠습니다.

A　디자인에 대해 여러 의견이 분분하군요.
B　예정보다 늦어지고 있으니 서둘러야 합니다.
A　**Let's take a quick vote on whether or not to change the design.**

>> **mixed** (의견 등이) 엇갈리는　**run behind** ~보다 뒤지다

비즈패턴 114

지금 예정보다 늦어져서 ~

We're running behind now, so...

회의가 길어져 시간이 지체되었을 때 빠른 진행을 위해 사용하는 패턴입니다. run behind 는 '~보다 뒤지다/늦어지다'라는 의미입니다.

플러스 패턴 I'd like to go back to... ~로 돌아가겠습니다

지금 예정보다 늦어져서 좀 빨리 진행하는 게 좋겠습니다.
We're running behind now, so we'd better rush.
▶ rush 서두르다

지금 예정보다 늦어졌으니 마지막 안건으로 넘어가죠.
We're running behind now, so let's go to the last item.

지금 예정보다 늦어져서 점심 식사는 간단히 해야겠습니다.
We're running behind now, so we need to have a quick lunch.

지금 예정보다 늦어졌으니 마지막 안건은 생략합시다.
We're running behind now, so let's skip the final item.

실전 회화 연습

A Today's meeting is taking longer than expected.
B We have another meeting at four.
A 지금 예정보다 늦어져서 마지막 안건으로 넘어가겠습니다.

A 오늘 회의가 예상보다 오래 걸리네요.
B 4시에 다른 회의가 있습니다.
A **We're running behind now, so let's move on to the last item.**

비즈패턴 115

~를 마치겠습니다
Let's wrap up...

wrap up은 '~를 끝내다'라는 표현으로 다소 informal한 표현이지만, 사무실이나 회의 등에서 자주 사용되니 꼭 기억해 두세요.

플러스 패턴   I'm afraid we only have…left   유감이지만 우리는 ~밖에 없습니다

이번 회의를 마치겠습니다.
Let's wrap up this meeting.

그 안건에 대한 논의를 마치겠습니다.
Let's wrap up our discussion on the agenda.
▶ discussion 논의, 토론

마치겠습니다.
Let's wrap it up.

점심시간 전에 회의를 마칩시다.
Let's wrap up the meeting before lunch.

실전 회화 연습

A It is already 3 o'clock.
B I see. 이제 회의를 마치도록 하겠습니다.
A That sounds good.

A 벌써 3시입니다.
B 그렇군요. **Let's wrap up the meeting now.**
A 좋습니다.

>> I see. 그렇군요.

Unit 17

제안 및 협상하기

116. **The bottom line is that…**
핵심은 ~라는 것입니다

117. **That's acceptable if you could…**
~해 주신다면 그것을 받아들일 수 있습니다

118. **I understand your position, but…**
당신의 입장은 이해하지만 ~

119. **From my perspective,…**
제가 보기에는 ~

핵심은 ~라는 것입니다
The bottom line is that…

bottom line은 '핵심, 요점'이라는 뜻으로, 회의 중에 핵심을 정리할 때 사용하기 좋습니다. that 뒤에는 '주어+동사' 형태를 연결하면 됩니다.

플러스 패턴 The name of the game is… 가장 중요한 것은 ~입니다

핵심은 우리가 단가를 낮출 수 없다는 것입니다.
The bottom line is that we cannot lower the unit price.
▶ lower 낮추다 unit price 단가

핵심은 공간이 더 필요하다는 것입니다.
The bottom line is that we need more space.

핵심은 우리가 새로운 시장을 개척해야 한다는 것입니다.
The bottom line is that we need to pioneer a new market.
▶ pioneer 개척하다; 선구자

핵심은 우리가 시스템을 중단할 수 없다는 것입니다.
The bottom line is that we cannot suspend the system.
▶ suspend 중단하다, 유예하다

A I see your point.
B 핵심은 우리가 새로운 시장을 개척해야 한다는 것입니다.
A Which markets are in your mind?

A 무슨 말씀인지 알겠습니다.
B The bottom line is that we need to pioneer a new market.
A 어떤 시장을 염두에 두고 계신가요?

비즈패턴 117

~해 주신다면 그것을 받아들일 수 있습니다

That's acceptable if you could...

acceptable은 '받아들일 수 있는'이라는 의미입니다. 상대방이 뭔가를 해 주는 조건으로 상대방의 제안을 받아들일 수 있다고 협상할 때 사용해 보세요.

플러스 패턴 It would be better to... ~하는 것이 더 낫습니다

단가를 낮춰 주신다면 그것을 받아들일 수 있습니다.

That's acceptable if you could lower the unit cost. ▶ unit cost 단가

운송료를 낮춰 주신다면 그것을 받아들일 수 있습니다.

That's acceptable if you could reduce the shipping cost. ▶ shipping cost 운송료, 운임

10월 1일까지 저희 주문품을 배송해 주신다면 그것을 받아들일 수 있습니다.

That's acceptable if you could deliver our order by October 1.

제안한 대로 디자인을 변경해 주신다면 그것을 받아들일 수 있습니다.

That's acceptable if you could change the design as suggested.

실전 회화 연습

A Will you accept my offer?
B 운송료를 낮춰 주신다면 그것을 받아들일 수 있습니다.
A Well, I will take your suggestion into consideration.

A 제 제안을 받아들이시겠습니까?
B That's acceptable if you could reduce the shipping cost.
A 음, 제안하신 내용을 검토해 보겠습니다.

비즈패턴 118

당신의 입장은 이해하지만 ~
I understand your position, but...

상대방과 밀고 당기는 협상을 할 때 자신의 입장을 다소 부드럽게 전달하는 방법입니다. but 다음에 자신이 원하는 내용을 넣으면 됩니다.

플러스 패턴 Our main priority is... 우리의 최대 관심사는 ~입니다

당신의 입장은 이해하지만 그 제안은 받아들일 수 없습니다.
I understand your position, but I cannot accept the offer.

당신의 입장은 이해하지만 제 상사에게 여쭤봐야 합니다.
I understand your position, but I should ask my superior. ▶ superior 상관, 윗사람

당신의 입장은 이해하지만 제 입장도 이해해 주셔야 합니다.
I understand your position, but you need to understand mine.

당신의 입장은 이해하지만 계획을 더 이상 수정할 수 없습니다.
I understand your position, but I can't revise the plan anymore. ▶ revise (의견·계획을) 변경하다, 수정하다

실전 회화 연습

A That's acceptable if you could change the design as we suggested.
B 당신의 입장은 이해하지만 디자인은 수정할 수 없습니다.
A May I offer an alternative?

A 저희가 제안한 대로 디자인을 수정해 주신다면 그것을 받아들일 수 있습니다.
B I understand your position, but I cannot revise the design.
A 대안을 제안해도 될까요?

비즈패턴 119

제가 보기에는 ~

From my perspective,...

perspective는 '관점, 시각'이라는 뜻으로서, 이 표현은 '제 관점으로는'이라는 뜻입니다. 상대방과 관점이 다를 때 이 표현을 사용해서 말해 보세요.

플러스 패턴 A better solution might be... ~가 더 나은 해결책일 수 있습니다

제가 보기에는 디자인을 변경하는 것은 무리입니다.
From my perspective, it's impossible to revise the design.

제가 보기에는 수량을 변경하기에는 너무 늦었습니다.
From my perspective, it's too late to change the quantity. ▶ quantity 수량

제 관점으로는 품질이 최우선 사항입니다.
From my perspective, quality is the top priority. ▶ priority 우선, 우선 사항

제 입장에서는 출시 날짜를 앞당길 수 없습니다.
From my perspective, I cannot move up the release date. ▶ move up (날짜 등을) 앞당기다

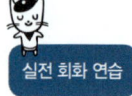

실전 회화 연습

A What are your thoughts on my suggestion?
B Isn't it too late for us to change the parts?
A 제가 보기에는 품질이 최우선 사항입니다.

A 제가 드린 제안에 대해 어떻게 생각하시나요?
B 우리가 부품을 교체하기에는 너무 늦지 않았나요?
A From my perspective, quality is the top priority.

>> suggestion 제안   part 부분, 부품

160

Dream as if you'll live forever,
live as if you'll die today.

영원히 살 것처럼 꿈꾸고,
오늘 죽을 것처럼 살아라.

— 제임스 딘(James Dean)

Part 4

프레젠테이션 영어

- **Unit 18** 발표 시작하기
- **Unit 19** 발표 진행하기
- **Unit 20** 시각자료 이용하기
- **Unit 21** 요약 및 질의응답

Unit 18

발표 시작하기

120. I am... 저는 ~입니다

121. I'd like to welcome you to...
~에 오신 여러분을 환영합니다

122. I'd like to talk about...
~에 대해 말씀드리겠습니다

123. The purpose of my presentation is to... 제 발표의 목적은 ~하는 것입니다

124. On behalf of...
~를 대표해서

125. If you have any questions, please...
질문이 있으시면 ~해 주시기 바랍니다

비즈패턴 120

저는 ~입니다
I am...

프레젠테이션의 시작은 자신을 소개하는 것입니다. 이름과 직책 등을 말하면서 자신에 대해 간단히 소개하세요.

플러스 패턴 Let me introduce... ~를 소개하겠습니다

저는 스탠튼 병원의 줄리 테일러입니다.
I am Julie Taylor from the Stanton Hospital.

저는 영업 및 유통을 담당하고 있습니다.
I am in charge of sales and distribution.
▶ distribution 유통, 분배

저는 연구 개발을 담당하고 있습니다.
I am responsible for research and development.
▶ research and development(= R&D) 연구 개발

저는 품질 관리를 맡고 있는 일라이자 박사입니다.
I am Dr. Eliza and responsible for quality control.
▶ quality control(=QC) 품질 관리

실전 활용 연습

 presentation

Good morning, ladies and gentlemen. I'd like to introduce myself to you. 저는 이 책의 저자인 박명수 교수입니다.

여러분, 안녕하십니까? 제 소개를 하겠습니다. **I am Professor Myongsu Park, the author of this book.**

>> introduce 소개하다　author 저자

비즈패턴 121

~에 오신 여러분을 환영합니다
I'd like to welcome you to...

프레젠테이션에 참석해 준 청중에게 환영의 인사도 잊지 말아야겠죠. welcome(환영하다)을 이용해서 이렇게 말해 주세요.

플러스 패턴 Please welcome... ~를 환영해 주시기 바랍니다

제 발표에 오신 여러분을 환영합니다.
I'd like to welcome you to my presentation.

연례회의에 오신 여러분을 환영합니다.
I'd like to welcome you to the annual conference. ▶ annual 매년의, 연례의

마케팅 전략에 대한 제 프레젠테이션에 오신 여러분을 환영합니다.
I'd like to welcome you to my presentation on marketing strategies. ▶ strategy 전략

글로벌 마케팅에 관한 이 특별한 프레젠테이션에 오신 여러분을 환영합니다.
I'd like to welcome you to this special presentation on global marketing.

 presentation

Good morning, ladies and gentlemen! Thank you for coming. 회사 창립 10주년을 기념하는 연례회의에 오신 여러분을 환영합니다.

신사 숙녀 여러분, 안녕하십니까! 와 주셔서 감사드립니다. **I'd like to welcome you to our annual conference marking the 10th anniversary of the company's foundation.**

>> **mark** (중요 사건을) 기념하다 **anniversary** 기념일 **foundation** 설립, 창립

비즈패턴 122

~에 대해 말씀드리겠습니다
I'd like to talk about...

발표 주제를 소개할 때 사용하는 패턴입니다. about 다음에 자신이 발표할 내용의 주제를 말하면 됩니다.

플러스 패턴 I will be talking about... ~에 대해 말씀드리겠습니다

작년 수출 총액에 대해 말씀드리겠습니다.
I'd like to talk about the amount of exports last year. ▶ amount 총액, 액수

내년 사업 계획에 대해 말씀드리겠습니다.
I'd like to talk about the business plan for next year.

우리의 경쟁사 분석에 대해 말씀드리겠습니다.
I'd like to talk about the analysis of our competitors. ▶ analysis 분석 competitor 경쟁자

초과 근무 수당의 변경에 대해 말씀드리겠습니다.
I'd like to talk about a change in overtime allowance. ▶ overtime 초과 근무, 야근 allowance 수당

실전 활용 연습

📈 presentation

Good morning, ladies and gentlemen! Welcome to my presentation. 오늘 저는 직원들을 위한 복지 시스템에 대해 말씀드리겠습니다.

신사 숙녀 여러분, 안녕하세요! 제 발표에 오신 걸 환영합니다. Today, I'd like to talk about the welfare system for employees.

>> welfare 복지, 후생

제 발표의 목적은 ~하는 것입니다
The purpose of my presentation is to...

purpose는 '목적'이라는 뜻으로서, 프레젠테이션의 서두에서 발표의 목적을 언급할 때 흔히 사용되는 표현입니다. to 다음에는 동사원형을 연결하세요.

플러스 패턴 My presentation is aimed at... 제 프레젠테이션은 ~를 대상으로 합니다

제 발표의 목적은 새로운 프로젝트를 여러분에게 알리는 것입니다.
The purpose of my presentation is to inform you of a new project. ▶ inform (공식적으로) 알리다, 통지하다

제 발표의 목적은 우리의 새로운 책을 여러분에게 소개하는 것입니다.
The purpose of my presentation is to introduce our new book to you.

제 발표의 목적은 새로운 정책들을 설명하는 것입니다.
The purpose of my presentation is to explain the new policies.

제 발표의 목적은 회의 결과를 여러분에게 간단히 설명드리는 것입니다.
The purpose of my presentation is to brief you on the results of the meeting. ▶ brief 간단히 알리다/말하다

presentation

Good morning, everyone! Thank you for coming to the presentation. 제 발표의 목적은 복지 정책의 변경사항에 대해 알려드리는 것입니다.

여러분, 안녕하세요! 프레젠테이션에 와 주셔서 감사합니다. The purpose of my presentation is to inform you of some changes in the welfare policy.

~를 대표해서

On behalf of...

회사나 조직 등을 대표해서 발표할 때가 있습니다. 그때는 '~를 대신하여/대표하여'라는 뜻을 가진 on behalf of를 이용하세요.

플러스 패턴 Representing my company... 저희 회사를 대표해서 ~

저희 회사를 대표해서 행사에 오신 여러분을 환영합니다.
On behalf of my company, I welcome you to the event.

저희 회사를 대표해서 행사에 와 주신 것에 감사드립니다.
On behalf of my company, I'd like to thank you for coming to the event.

알파 케미컬을 대표해서 귀사의 협조에 감사드립니다.
On behalf of Alpha Chemicals, I'd like to thank you for your cooperation. ▶ cooperation 협력, 협조

저희 팀을 대표해서, 저희의 사업 이력을 간략히 설명드리겠습니다.
On behalf of my team, I will briefly explain our business history.

실전 활용 연습

presentation

우리 회사를 대표해서 신제품을 소개할 수 있는 이런 기회를 주신 것에 감사드립니다. It is an honor for me to make a presentation in front of all of you.

On behalf of my company, I'd like to thank you for this opportunity to introduce the brand-new product. 제가 여러분들 앞에서 발표하게 된 것을 영광으로 생각합니다.

>> opportunity 기회   honor 영광, 명예

비즈패턴 125

질문이 있으시면 ~해 주시기 바랍니다

If you have any questions, please…

프레젠테이션을 할 때 청중의 질문을 받아서 답변하는 것은 필수적입니다. 프레젠테이션의 서두에 질문과 관련해 미리 설명해 두는 것이 좋습니다.

플러스 패턴 Feel free to… 편하게 ~해 주세요

질문 있으시면 편하게 질문하시기 바랍니다.
If you have any questions, please feel free to ask me.

질문 있으시면 손을 들어 주시기 바랍니다.
If you have any questions, please raise your hand.

질문 있으시면 주저하지 마시고 질문하시기 바랍니다.
If you have any questions, please do not hesitate to ask me. ▶ hesitate 망설이다, 주저하다

질문 있으시면 언제든지 해 주시기 바랍니다.
If you have any questions, please interrupt me anytime. ▶ interrupt 중단시키다

실전 활용 연습

 presentation

Before starting with the first part of my presentation, I have a quick request for you. 질문 있으시면 편하게 질문하시기 바랍니다.

제 프레젠테이션의 첫 번째 부분을 시작하기에 앞서, 여러분들에게 간단한 부탁이 있습니다. **If you have any questions, please feel free to ask me.**

>> request 요청; 요청하다

Unit 19
발표 진행하기

126. **I'll begin with…** ~로 시작하겠습니다
127. **Does anyone know…?** ~를 아시는 분 있나요?
128. **As you are all aware,…** 모두 아시다시피 ~
129. **My presentation will last…** 제 발표 시간은 ~입니다
130. **My presentation is divided into…**
     제 발표는 ~로 나뉘어 있습니다
131. **Firstly, I'm going to talk about…**
     첫 번째로 ~에 대해 말씀드리겠습니다
132. **So far, I've talked about…**
     지금까지 ~에 대해 말씀드렸습니다
133. **Let's move on to…** ~로 넘어가겠습니다
134. **This leads me to…** ~로 이어가겠습니다
135. **Let's go back to…** ~로 다시 돌아가겠습니다
136. **I'd like to elaborate on…**
     ~에 대해 자세히 설명드리겠습니다
137. **It's off topic, but…** 주제에서 벗어난 얘기지만, ~
138. **To put it simply,…** 간단히 말해서 ~

126 ~로 시작하겠습니다
I'll begin with...

프레젠테이션의 시작 내용을 소개하는 패턴으로, 발표를 시작한다는 신호가 될 수 있습니다. begin with는 '~로 시작하다'라는 의미입니다.

플러스 패턴 I will begin by... ~하는 것으로 시작하겠습니다

간단한 질문으로 시작하겠습니다.
I'll begin with a simple question to you.

지난 회의에 대한 요약으로 시작하겠습니다.
I'll begin with a summary of the last meeting.
▶ summary 요약

변화하는 시장 트렌드를 개략적으로 설명하면서 시작하겠습니다.
I'll begin with an overview of changing market trends. ▶ overview 개관, 개요

프로젝트의 목표를 간략하게 요약하면서 시작하겠습니다.
I'll begin with a brief recap of the project's objectives. ▶ recap(= recapitulation) 요약의 반복, 개요

 **실전 활용 연습**

 presentation

It is so good to see my colleagues and some new faces here. This morning, I'd like to talk about the future of the 3-D printing industry. 우선 제 발표의 첫 번째 파트부터 시작하겠습니다.

여기에서 동료 여러분과 새로운 얼굴들을 보니 반갑습니다. 오늘 아침 저는 3-D 프린팅 산업의 미래에 대해 말씀드리고자 합니다. **I'll begin with the first part of my presentation.**

>> colleague 동료   3-D(= three dimensional) 3차원의

비즈패턴 127

~를 아시는 분 있나요?

Does anyone know...?

청중의 주목을 끄는 좋은 방법 중 하나는 질문을 하는 것입니다. anyone을 써서 '~를 아는 사람 있나요?'라는 느낌으로 물어보는 표현입니다.

플러스 패턴 Do you happen to know...? 혹시 ~를 아시나요?

---

savvy의 의미를 아시는 분 있나요?
Does anyone know the meaning of savvy?

우리 회사가 언제 설립되었는지 아시는 분 있나요?
Does anyone know when our company was founded? ▶ found 설립하다, 세우다

우리 회사의 최대 경쟁사가 어디인지 아시는 분 있나요?
Does anyone know which is our biggest competitor? ▶ competitor 경쟁자, 경쟁업체

사람들이 태블릿PC보다 스마트폰을 선호하는 이유를 아시는 분 있나요?
Does anyone know why people prefer smartphones to tablet PCs?

실전 활용 연습

 presentation

As I mentioned in the beginning of my presentation, nobody clearly seems to know the definition of the 4th Industrial Revolution. 4차 산업혁명으로 인해 어떤 산업이 가장 큰 영향을 받게 될지 아시는 분 있나요?

프레젠테이션 서두에서 언급했듯이, 4차 산업혁명의 정의에 대해 명확히 아는 사람이 없는 것 같습니다. **Does anyone know which industry will be affected the most by the 4th Industrial Revolution?**

비즈패턴 128

모두 아시다시피 ~
As you are all aware, …

발표를 하면서 '여러분도 아시다시피'라는 말을 자주 하게 되는데, 바로 거기에 해당하는 표현입니다. be aware는 '~를 알고 있다'라는 뜻이고, all은 생략해도 됩니다.

플러스 패턴 As you all know… 모두 아시다시피 ~

모두 아시다시피 원자재 가격이 상승하고 있습니다.
As you are all aware, the cost of raw materials is going up. ▶ raw material 원자재, 원료

모두 아시다시피 경기 침체가 장기화될지도 모릅니다.
As you are all aware, the economic recession may last longer. ▶ recession 경기 후퇴, 불경기

모두 아시다시피 우리의 경쟁자는 중국 제조업체입니다.
As you are all aware, our competitors are Chinese manufacturers.

모두 아시다시피 우리는 사업 전망이 밝습니다.
As you are all aware, we have a favorable business outlook.
▶ favorable 순조로운, 유망한 outlook (앞날에 대한) 전망

실전 활용 연습

presentation

Now I'd like to talk about the company's market share beyond the Asian borders. 모두 아시다시피 유럽에서 우리의 시장 점유율이 급격하게 줄어들고 있습니다.

이제 아시아 국경을 너머 우리 회사의 시장 점유율에 대해 말씀드리도록 하겠습니다. **As you are all aware, we're facing a sharp decrease in market share in Europe.**

비즈패턴 129

제 발표 시간은 ~입니다

My presentation will last...

발표에 앞서 예상 소요시간을 알려 주면 청중이 집중하는 데 도움이 됩니다. last는 시간 등이 '지속되다, 계속되다'라는 뜻으로 쓰였고, presentation 대신 talk을 써도 됩니다.

플러스 패턴 I will speak for... ~ 동안 말씀드리겠습니다

제 발표 시간은 20분입니다.
My presentation will last for 20 minutes.

제 발표 시간은 30분 정도입니다.
My presentation will last about half an hour.

제 발표 시간은 30분에서 40분 정도입니다.
My presentation will last between 30 and 40 minutes.

제 발표 시간은 대략 15분 정도입니다.
My talk will last for approximately 15 minutes.
▶ approximately 대략

실전 활용 연습

 presentation

I was asked to give a talk today for around an hour. As the previous session took more time than expected, I'll make mine as short as possible. 제 발표 시간은 30분 정도 될 겁니다.

오늘 한 시간 정도 얘기를 해 달라고 요청을 받았습니다. 이전 활동이 예상보다 시간이 더 걸린 관계로, 저는 되도록 짧게 하겠습니다. **My presentation will last around half an hour.**

>> **previous** 이전의 **session** (특정 활동을 위한) 시간, 기간

비즈패턴 130

제 발표는 ~로 나뉘어 있습니다

My presentation is divided into...

발표의 내용이 몇 부분으로 이루어져 있는지 소개하는 패턴입니다. divide(나누다)를 수동태로 사용한 be divided(나누어지다) 뒤에 into를 붙여서 연결합니다.

플러스 패턴 My presentation consists of... 제 발표는 ~로 구성되어 있습니다

제 발표는 두 부분으로 나뉘어 있습니다.
My presentation is divided into two sections.
▶ section 부분, 부문

제 발표는 세 파트로 나뉘어 있습니다.
My presentation is divided into three parts.

제 발표는 크게 세 부분으로 나뉘어 있습니다.
My presentation is divided into three main sections.

제 발표는 다음의 네 파트로 나뉘어 있습니다.
My presentation is divided into the following four parts.

실전 활용 연습

 presentation

The purpose of my presentation is to introduce you to the Internet of Things. 제 프레젠테이션은 다음의 세 파트로 나뉘어 있습니다. Let me begin with the first part.

제 프레젠테이션의 목적은 여러분에게 사물 인터넷을 소개하는 것입니다. **My presentation is divided into the following three parts.** 먼저 첫 번째 파트부터 시작하겠습니다.

>> Internet of Things(= IoT) 사물 인터넷

비즈패턴 131

첫 번째로 ~에 대해 말씀드리겠습니다

Firstly, I'm going to talk about…

'두 번째로'는 Secondly, '세 번째로'는 Thirdly, '마지막으로'는 Lastly를 사용합니다.

플러스 패턴 Firstly, I will talk about… 먼저 ~에 대해 말씀드리겠습니다

첫 번째로 우리의 신제품에 대해 말씀드리겠습니다.
Firstly, I'm going to talk about our brand-new product.

첫 번째로 제가 최근에 한 일본 여행에 대해 말씀드리겠습니다.
Firstly, I'm going to talk about my recent trip to Japan.

첫 번째로 내년도 사업 전망에 대해 말씀드리겠습니다.
Firstly, I'm going to talk about the business outlook for next year. ▶ outlook (앞날에 대한) 전망

첫 번째로 제가 읽은 짧은 이야기에 대해 말씀드리겠습니다.
Firstly, I'm going to talk about a short story I read.

 **실전 활용 연습**

 presentation

How many books do you read a month? Well, I don't read much, but I try to read at least two books every month. 첫 번째로 제가 최근에 읽은 책에 대해 말씀드리도록 하겠습니다.

여러분들은 한 달에 책을 몇 권 읽으시나요? 저는 책을 많이 읽지는 않지만, 매달 최소한 두 권을 읽으려고 노력합니다. **Firstly, I'm going to talk about a book I read recently.**

Part 4 프레젠테이션 영어 **177**

비즈패턴 132

지금까지 ~에 대해 말씀드렸습니다
So far, I've talked about...

프레젠테이션을 하는 도중에 지금까지 무엇에 대해 설명했는지 정리해 주면 청중의 이해를 도울 수 있습니다. so far는 '지금까지'라는 의미입니다.

플러스 패턴 That's all I want to say about... 이것으로 ~에 대한 제 발표를 마치겠습니다

지금까지 제 발표의 첫 번째 파트에 대해 말씀드렸습니다.
So far, I've talked about the first part of my presentation.

지금까지 우리 경쟁사의 장점에 대해 말씀드렸습니다.
So far, I've talked about the strengths of our competitors.   ▶ strength 강점, 장점

지금까지 이전 프로젝트에 대해 말씀드렸습니다.
So far, I've talked about the previous projects.

지금까지 경기 침체에 대해 말씀드렸습니다.
So far, I've talked about the economic recession.   ▶ recession 불경기

실전 활용 연습

 presentation

You can learn a lot of great examples of the Internet of Things. That's why I strongly recommend that you read the book. 지금까지 제가 최근에 읽은 책에 대해 말씀드렸습니다.

여러분은 사물 인터넷의 멋진 예시들을 많이 배울 수 있습니다. 그래서 저는 여러분에게 이 책을 읽을 것을 강력하게 추천드립니다. **So far, I've talked about a book I read recently.**

>> recommend 추천하다

133

~로 넘어가겠습니다
Let's move on to...

한 가지 주제에서 다음 주제로 넘어갈 때 사용합니다. move on to는 '~로 옮기다/넘어가다'라는 의미로, to 뒤에는 명사를 넣어 주세요.

플러스 패턴 Now I will pass you over to... 이제 ~에게 순서를 넘기겠습니다

다른 주제로 넘어가겠습니다.
Let's move on to another subject.
▶ subject 주제

두 번째 포인트로 넘어가겠습니다.
Let's move on to the second point.

제 발표의 다음 파트로 넘어가겠습니다.
Let's move on to the next part of my presentation.

다음 항목인 '문제 해결책'으로 넘어가겠습니다.
Let's move on to my next point, solutions to problems. ▶ solution (문제의) 해법, 해결책

실전 활용 연습

presentation

If you have any questions, feel free to ask me. Any questions? All right. Save your questions then. 제 발표의 두 번째 파트로 넘어가겠습니다.

질문 있으시면 편하게 물어보시기 바랍니다. 질문 있으세요? 좋습니다. 그럼 질문은 일단 남겨 두시죠. **Let's move on to the second part of my presentation.**

\>\> **save** (나중에 쓰려고) 아끼다, 남겨 두다

비즈패턴 134

~로 이어가겠습니다
This leads me to...

앞서 말한 내용이 다음 내용으로 자연스럽게 연결된다는 것을 나타냅니다. lead A to B는 'A를 B로 이끌다'라는 뜻으로, to 뒤에는 명사를 붙여 줍니다.

플러스 패턴 I'd now like to look at... 이제 ~를 살펴보겠습니다

다음 포인트로 이어가겠습니다.
This leads me to my next point.

다음 파트로 이어가겠습니다.
This leads me to the following part.

가장 첨예한 사안인 예산으로 이어가겠습니다.
This leads me to the most delicate issue of the budget. ▶ delicate 미묘한, 까다로운

오늘 발표의 마지막 항목으로 이어가겠습니다.
This leads me to the final point of today's presentation.

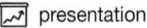 presentation

I think virtually everyone here seems to have used the product. 제 발표의 두 번째 파트로 이어가겠습니다. It is about the problems with the design.

여기 계신 거의 모든 분들이 그 제품을 사용해 본 적이 있는 것 같군요. **This leads me to the second part of my presentation.** 두 번째 파트는 디자인 문제에 대한 것입니다.

>> virtually 사실상, 거의

비즈패턴 135

~로 다시 돌아가겠습니다
Let's go back to...

앞에서 설명했던 부분이나 본론으로 돌아갈 때 사용하는 패턴입니다. I'd like to go back to...로 바꾸어 말해도 됩니다.

플러스 패턴 I'd like to return to... ~로 돌아가겠습니다

제 주제로 다시 돌아가겠습니다.
Let's go back to my main point.

이전 슬라이드로 다시 돌아가겠습니다.
Let's go back to the previous slide.
▶ previous 이전의

제 발표의 첫 번째 파트로 다시 돌아가겠습니다.
Let's go back to the first part of my presentation.

프로젝트에 대해 앞서 제가 말했던 부분으로 다시 돌아가겠습니다.
Let's go back to what I said earlier about the project.

실전 활용 연습

presentation

The reasons why we have smaller markets in Asia are straightforward. Do you remember the case of Thailand? 프레젠테이션 서두에서 제가 말씀드렸던 부분으로 다시 돌아가겠습니다.

아시아 시장이 점차 축소되는 이유는 간단합니다. 태국의 사례를 기억하시나요? **Let's go back to what I said in the beginning of the presentation.**

>> **straightforward** 간단한, 복잡하지 않은   **case** 사례, 경우

비즈패턴 136

~에 대해 자세히 설명드리겠습니다

I'd like to elaborate on…

elaborate on은 '~에 대해 상세히 설명하다'라는 의미로, 특정 내용에 대해 부연 설명을 할 때 사용할 수 있는 패턴입니다.

플러스 패턴 I'd like to talk more about… ~에 대해 조금 더 말씀드리겠습니다

이 예에 대해 자세히 설명드리겠습니다.
I'd like to elaborate on this example.

도표에 대해 자세히 설명드리겠습니다.
I'd like to elaborate on the diagram.
▶ diagram 도표, 도해

해외 시장 환경에 대해 자세히 설명드리겠습니다.
I'd like to elaborate on the overseas market environments.

지난주 회의 결과에 대해 자세히 설명드리겠습니다.
I'd like to elaborate on the outcome of the meeting last week. ▶ outcome 결과

 실전 활용 연습

📈 presentation

2페이지에 있는 3번 표에 대해 자세히 설명드리겠습니다. Please refer to the handout. I'd like you to take a look at the figures in the first column.

I'd like to elaborate on table 3 on page 2. 유인물을 참조해 주세요. 첫 번째 열에 있는 수치들을 보시기 바랍니다.

>> refer to ~를 참고하다   handout 인쇄물, 유인물   figure 수치   column 세로줄, 열

비즈패턴 137

주제에서 벗어난 얘기지만, ~
It's off topic, but…

주제에서 조금 벗어난 얘기를 하고자 할 때 사용합니다. 흔히 청중의 주의를 끌거나 내용 이해에 도움이 되는 일화 등을 소개할 때 씁니다.

플러스 패턴 If I could digress for a moment,… 잠시 주제를 바꿔 ~

주제에서 벗어난 얘기지만, 잠시 다른 얘기를 해 드리겠습니다.
It's off topic, but I'd like to digress for a moment. ▸ digress 주제에서 벗어나다

주제에서 벗어난 얘기지만, 지난 여름에 대해 생각해 보시죠.
It's off topic, but let's think about last summer.

주제에서 벗어난 얘기지만, 그것에 대해 조금 더 설명해 드리겠습니다.
It's off topic, but let me explain more about that.

주제에서 벗어난 얘기지만, 제 얘기에 솔깃하실 겁니다.
It's off topic, but you will find my story interesting.

실전 활용 연습

 presentation

So far, I've talked about some examples of successful leaders. 주제에서 벗어난 얘기지만, 제가 겪은 에피소드 중 하나를 말씀드리겠습니다. Is that okay with you?

지금까지 성공한 리더들의 사례에 대해 말씀드렸습니다. **It's off topic, but I'd like to share one of my episodes with you.** 괜찮으시겠죠?

>> **episode** (중요하거나 재미있는) 사건, 에피소드

비즈패턴 138

간단히 말해서 ~
To put it simply,...

앞서 설명한 내용을 정리하거나 간단히 요약할 때 사용하는 패턴입니다. in short 또는 in brief로 바꾸어 말할 수도 있습니다.

플러스 패턴 Simply put,... 간단히 말하자면 ~

간단히 말해서 **디자인이 제일 중요합니다.**
To put it simply, the design should come first.
▶ come first 최우선 고려 사항이다, 가장 먼저다

간단히 말해서 **소비자들이 점점 현명해지고 있습니다.**
To put it simply, consumers are getting smarter. ▶ consumer 소비자

간단히 말해서 **우리의 제품 라인을 다각화해야 합니다.**
To put it simply, we need to diversify our product lines. ▶ diversify 다각화하다, 다양화하다

간단히 말해서 **우리는 중국에 더 많은 관심을 가져야 합니다.**
To put it simply, we should pay more attention to China.

 presentation

Consumers keep looking for something new. What about our products? 간단히 말해서 우리는 가능한 한 빨리 제품 라인을 다각화해야 합니다.

소비자들은 계속 새로운 것을 찾습니다. 우리 제품은 어떤가요? **To put it simply, we need to diversify our product lines as soon as possible.**

>> look for ~를 찾다

Unit 20

시각자료 이용하기

139. **I'd like to show you…**
 ~를 보여 드리겠습니다

140. **I'd like you to look at…**
 ~를 봐 주시기 바랍니다

141. **The graph illustrates…**
 이 그래프는 ~를 보여 주고 있습니다

142. **According to the diagram,…**
 이 도표에 의하면 ~

143. **The line represents…**
 이 선은 ~를 나타냅니다

144. **The table shows a breakdown of…**
 이 표는 ~를 분류한 것입니다

145. **Recent research has shown that…**
 최근 연구에 따르면 ~라고 합니다

비즈패턴 139

~를 보여 드리겠습니다
I'd like to show you...

다양한 시각자료를 사용하면 청중의 이목을 집중시키는 데 효과적입니다. 시각자료를 보여 줄 때 이 표현을 사용해 보세요.

플러스 패턴 To illustrate my point, I have... 제 주장을 설명하기 위해 ~를 준비했습니다.

파이 그래프를 보여 드리겠습니다.
I'd like to show you a pie graph.

파워포인트 슬라이드를 보여 드리겠습니다.
I'd like to show you PowerPoint slides.

짧은 동영상을 보여 드리겠습니다.
I'd like to show you a short video clip.
▶ video clip 짧게 제작된 동영상

막대 그래프를 보여 드리겠습니다.
I'd like to show you some bar graphs.

 실전 활용 연습

 presentation

To help you understand the changes made last year, 짧은 동영상을 보여 드리겠습니다. I think one video is worth a thousand words.

작년에 이루어진 변화에 대한 여러분들의 이해를 돕기 위해, I'd like to show you a short video clip. 백문이 불여일견이죠.

>> worth ~의 가치가 있는

비즈패턴 140

~를 봐 주시기 바랍니다
I'd like you to look at...

화면의 도표, 이미지, 수치 등을 보라고 할 때 사용하는 패턴입니다. I'd like you to...는 상대방에게 '~해 주세요'라고 요청하는 표현입니다.

플러스 패턴 Please take a closer look at... ~를 자세히 봐 주시기 바랍니다

파이 차트를 봐 주시기 바랍니다.
I'd like you to look at the pie chart.

슬라이드의 표3을 봐 주시기 바랍니다.
I'd like you to look at table 3 on the slide.
▶ table 표

선 그래프의 변화를 봐 주시기 바랍니다.
I'd like you to look at the changes in the line graph.

이 슬라이드를 봐 주시기 바랍니다.
I'd like you to look at this transparency.
▶ transparency 슬라이드

실전 활용 연습

📈 presentation

The graph on the slide shows the sales amounts recorded for the past three years. 선 그래프의 변화를 봐 주시기 바랍니다.

슬라이드의 그래프는 지난 3년 간 기록한 매출액을 보여 주고 있습니다. **I'd like you to look at the changes in the line graph.**

>> sales amount 판매량, 매출액

비즈패턴 141

이 그래프는 ~를 보여 주고 있습니다
The graph illustrates…

화면에 보이는 그래프가 무엇을 설명하는지 말할 때 사용합니다. illustrate는 '(표나 그림 등을 이용해서) 분명히 보여 주다'라는 의미입니다.

플러스 패턴 According to the graph,… 그래프에 의하면

이 그래프는 수출이 늘어난 요인을 보여 주고 있습니다.
The graph illustrates the factors behind more exports. ▶ factor 요인

이 그래프는 에너지 비용의 눈에 띄는 증가를 보여 주고 있습니다.
The graph illustrates a significant increase in energy costs. ▶ significant 상당한, 주목할 만한

이 그래프는 SNS가 시장에 미치는 영향을 보여 주고 있습니다.
The graph illustrates the impact of SNS on the market. ▶ impact 영향, 충격

이 그래프는 시장이 뜻밖의 변화에 어떻게 반응했는지 보여 주고 있습니다.
The graph illustrates how the markets responded to unexpected changes.
▶ unexpected 예기치 않은, 뜻밖의

실전 활용 연습

 presentation

I'd like to show you a graph to help you understand the market trend. 이 그래프는 시장이 지난 10년 동안 어떻게 변해 왔는지를 보여 주고 있습니다.

여러분이 시장 추이를 잘 이해하실 수 있도록 그래프를 보여 드리겠습니다. **The graph illustrates how the markets have changed for over 10 years.**

>> trend 동향, 추세

비즈패턴 142

이 도표에 의하면 ~
According to the diagram,...

diagram은 발표에서 사용하는 다양한 도형이나 도표 등의 그림을 가리킵니다. according to는 '~에 의하면/따르면'이라는 의미입니다.

플러스 패턴 The diagram explains... 이 도표는 ~를 나타내고 있습니다

이 도표에 의하면 소비자들은 디자인을 선호합니다.
According to the diagram, consumers prefer designs.

이 도표에 의하면 온라인 마케팅이 중요합니다.
According to the diagram, online marketing makes a difference. ▶ make a difference 차이를 낳다, 중요하다

이 도표에 의하면 지출이 예산보다 많았습니다.
According to the diagram, the expenditures were greater than the budget. ▶ expenditure 지출, 비용, 경비

이 도표를 보시면 제 주장을 명확하게 이해하실 겁니다.
According to the diagram, you will see my point clearly.

실전 활용 연습

📈 presentation

I've so far stressed the importance of wearing a helmet to protect the head. Now let's look at how people have responded to the local government's efforts. 이 도표를 보시면 거리에서 운전자들은 점점 헬멧을 착용하지 않고 있습니다.

지금까지 머리를 보호하기 위한 헬멧 착용의 중요성을 강조했습니다. 그럼 이제 사람들이 지자체의 노력에 대해 어떤 반응을 보였는지 살펴보겠습니다. **According to the diagram, more and more riders do not wear a helmet on the streets.**

비즈패턴 143

이 선은 ~를 나타냅니다
The line represents...

시각 자료로 쓰인 그래프에서 선이 무엇을 의미하는지 설명하는 패턴입니다. represent(나타내다) 대신 indicate(나타내다)로 바꾸어 말할 수 있습니다.

플러스 패턴 The line indicates... 이 선은 ~를 나타냅니다

이 선은 작년 수출량을 나타냅니다.
The line represents the amount of exports last year.

이 선은 경제의 성장 추이를 나타냅니다.
The line represents the economy's growth trend. ▶ growth 성장

이 선은 운송 비용의 변화를 나타냅니다.
The line represents a change in the shipping costs.

이 선은 원자재 값의 변화무쌍함을 나타냅니다.
The line represents the dynamic change in the costs of raw materials. ▶ dynamic 역동적인, 활발한

실전 활용 연습

 presentation

I'd like you to look at the graph on the left side. 이 선은 지난 10개월 동안 지역 소비자들의 쇼핑 추이를 나타냅니다.

왼편에 있는 그래프를 봐 주시기 바랍니다. The line represents the shopping trend of local consumers over the last 10 months.

>> local 지역의, 현지의

■ 비즈패턴 ■

144

이 표는 ~를 분류한 것입니다

The table shows a breakdown of...

table은 '표', breakdown은 '분류, 내역, 명세'라는 뜻입니다. 표는 주로 항목별로 분류하여 보여 주므로 breakdown을 사용하면 유용할 때가 많습니다.

플러스 패턴 In the table below,... 아래 표를 보시면 ~

이 표는 나라별로 수입업체를 분류한 것입니다.
The table shows a breakdown of importers by country. ▶ importer 수입업자, 수입국

이 표는 성별로 반응을 분류한 것입니다.
The table shows a breakdown of responses by gender. ▶ gender 성, 성별

이 표는 분기별로 순 매출액을 분류한 것입니다.
The table shows a breakdown of net sales amount by quarter. ▶ net sales 순 매출액

이 표는 연령별 쇼핑 트렌드를 분류한 것입니다.
The table shows a breakdown of shopping trends by age.

실전 활용 연습

📈 presentation

Which age group do you think spends more time shopping?
이 표는 연령별 쇼핑 시간을 분류한 것입니다.

어느 연령대가 쇼핑에 더 많은 시간을 쓴다고 생각하시나요? **The table shows a breakdown of shopping hours by age.**

>> **age group** (특정) 연령대

Part 4 프레젠테이션 영어 **191**

■ 비즈패턴 ■

145

최근 연구에 따르면 ~라고 합니다
Recent research has shown that...

주장의 근거로 최근 연구 결과를 인용할 때 이렇게 말해 보세요.

플러스 패턴 Research tells us that... 연구에 따르면 ~

최근 연구에 따르면 점점 더 많은 사람들이 온라인 쇼핑을 즐긴다고 합니다.
Recent research has shown that more people enjoy shopping online.

최근 연구에 따르면 소셜 미디어가 브랜드 인지도 제고에 도움이 된다고 합니다.
Recent research has shown that social media helps increase brand awareness. ▶ awareness 인식, 의식

최근 연구에 따르면 여성이 남성보다 더 창의적이라고 합니다.
Recent research has shown that females are more creative than males.

최근 연구에 따르면 친환경 제품이 인기가 더 많다고 합니다.
Recent research has shown that green products are more popular. ▶ green product 친환경 제품

실전 활용 연습

📈 presentation

How much do you think before you actually purchase a product? 최근 연구에 따르면 소비자들은 일반적으로 구매 결정을 내리기 전에 2~3초가 걸린다고 합니다.

실제 상품을 구매하시기 전에 얼마나 생각하시나요? Recent research has shown that consumers typically spend two or three seconds before making purchase decisions.

Unit 21
요약 및 질의응답

146. Let me just run over…
~를 간단히 살펴보겠습니다

147. I'll briefly summarize…
~를 간단히 요약하겠습니다

148. I'd like to recap… ~를 다시 정리해 보겠습니다

149. Please feel free to… 편하게 ~해 주세요

150. I'm glad you raised…
~를 제기해 주셔서 감사합니다

151. As I said at the beginning,…
초반에 말씀드렸던 것처럼 ~

152. In other words,… 다시 말해서 ~

153. In conclusion, let me…
마지막으로 ~하겠습니다

154. I'd like to conclude by…
~로 마무리하겠습니다

155. It should be remembered that…
~라는 점을 꼭 기억하시기 바랍니다

비즈패턴 146

~를 간단히 살펴보겠습니다
Let me just run over...

run over는 '(어떤 내용을) 빨리 살펴보다'라는 의미로, 특정 내용을 간단히 훑어보고 넘어갈 때 사용하기 좋은 패턴입니다.

플러스 패턴 I'd like to remind you of... ~를 다시 알려 드립니다

오늘의 의제를 다시 간단히 살펴보겠습니다.
Let me just run over today's agenda again.

유급 휴가 정책을 간단히 살펴보겠습니다.
Let me just run over the policy of paid vacation.

우리 워크숍 주제를 간단히 살펴보겠습니다.
Let me just run over the theme of our workshop. ▶ theme 주제, 테마

제 발표의 주요 내용을 다시 간단히 살펴보겠습니다.
Let me just run over the key points of my presentation again.

실전 활용 연습

presentation

Now to the question-and-answer session. Please do not hesitate to ask questions. Any questions are welcome. Before the Q&A session begins, 제 발표의 주요 내용을 다시 간단히 살펴보겠습니다.

이제 질의응답 시간을 갖겠습니다. 주저하지 마시고 질문해 주세요. 어떤 질문도 괜찮습니다. Q&A 시간을 시작하기 전에, let me just run over the key points of my presentation.

>> do not hesitate to 망설이지 말고 ~하세요

비즈패턴 147

~를 간단히 요약하겠습니다
I'll briefly summarize…

앞서 설명한 내용을 요약해서 정리해 줄 때 사용하는 패턴입니다. '요약하다'는 summarize, '간단히'는 briefly를 써서 말하면 됩니다.

플러스 패턴 The following is a digest of… 다음은 ~의 요약입니다

저의 핵심 주장을 간단히 요약하겠습니다.
I'll briefly summarize my main points.

제가 앞서 말씀드렸던 것을 간단히 요약하겠습니다.
I'll briefly summarize what I said earlier.

소비자 트렌드를 간단히 요약하겠습니다.
I'll briefly summarize the consumer trend.
▶ consumer 소비자

제가 지금까지 설명드렸던 것을 간단히 요약하겠습니다.
I'll briefly summarize what I've explained up to now.
▶ up to ~까지

실전 활용 연습

presentation

Finally, we've come to the final part of my presentation. Before the question-and-answer session begins, 제가 지금까지 설명드렸던 것을 간단히 요약하겠습니다.

드디어 제 발표의 마지막 파트까지 왔습니다. 질의응답 시간을 시작하기 전에, **I'll briefly summarize what I've explained up to now.**

>> finally 마침내, 드디어

비즈패턴 148

~를 다시 정리해 보겠습니다
I'd like to recap...

발표 중간에 내용을 정리해 주면 전달력을 높일 수 있습니다. 여기서 recap은 '다시 언급하다', '정리하다'라는 뜻의 동사로 summarize와 비슷한 의미입니다.

플러스 패턴 I'd like to summarize... ~를 요약하겠습니다

새로운 정책의 특징을 다시 정리해 보겠습니다.
I'd like to recap the features of the new policy.
▶ feature 특색, 특징

제 프레젠테이션의 핵심 사항을 다시 정리해 보겠습니다.
I'd like to recap the main points of my presentation.

지금까지 제가 말씀드린 내용을 다시 정리해 보겠습니다.
I'd like to recap what I've said up to now.

스마트폰의 최대 활용법에 대한 조언을 다시 정리해 보겠습니다.
I'd like to recap the tips on how to make the best use of a smartphone.
▶ make the best use of ~를 최대한 활용하다

실전 활용 연습

📈 presentation

If you have any questions, please do not hesitate to ask me. Before wrapping up the presentation, 기존 정책에 생긴 변화에 대해 제가 지금까지 말씀드린 내용을 다시 정리해 보겠습니다.

질문 있으시면, 주저하지 마시고 물어보시기 바랍니다. 발표를 마치기 전에, **I'd like to recap what I have said up to now about the changes made to the existing policy.**

>> **wrap up** (회의 등을) 마무리 짓다   **existing** 기존의

비즈패턴 149

편하게 ~해 주세요
Please feel free to...

feel free to는 '편하게 ~하세요'라는 뜻으로 상대방을 배려해 주는 표현입니다. 청중에게 질문이나 의견 제시 등을 부담 없이 하라고 할 때 쓰기 좋습니다.

플러스 패턴 Don't hesitate to... 주저하지 말고 ~해 주세요

편하게 질문해 주세요.
Please feel free to ask questions.

편하게 설명을 더 요청하셔도 됩니다.
Please feel free to ask for a further explanation. ▶ explanation 설명

제 발표 자료를 편히게 사용하셔도 됩니다.
Please feel free to use the data from my presentation.

발표가 끝난 뒤에 저한테 편하게 연락 주시기 바랍니다.
Please feel free to contact me after the presentation.

실전 활용 연습

📈 presentation

So far, I've talked about consumers' responses to our recent design change. Before moving on to the next part of my presentation, I'd like to take questions. 편하게 질문 주시기 바랍니다.

지금까지 우리 회사의 최근 디자인 변경에 대한 소비자들의 반응에 대해 말씀드렸습니다. 제 발표의 다음 파트로 넘어가기 전에 질문을 받겠습니다. **Please feel free to ask questions.**

>> **response** 반응, 대답

비즈패턴 150

~를 제기해 주셔서 감사합니다
I'm glad you raised...

청중에게 질문을 받았을 때 Thank you…만 쓰지 말고 I'm glad…를 이용해서 반가운 마음을 표현해 보세요. 여기서 raise는 '(안건·문제 등을) 제기하다, 언급하다'라는 의미입니다.

플러스 패턴 Thank you for… ~해 주셔서 감사합니다

그 점을 제기해 주셔서 감사합니다.
I'm glad you raised that point.

그 질문을 해 주셔서 감사합니다.
I'm glad you raised the question.

그런 흥미로운 이슈를 제기해 주셔서 감사합니다.
I'm glad you raised such an interesting issue.

시장성이라는 주제를 제기해 주셔서 감사합니다.
I'm glad you raised the subject of marketability.
▶ marketability 시장성

실전 활용 연습

presentation

그런 흥미로운 질문을 해 주셔서 감사합니다. I've never thought about that, but I will do my best to answer the question.

I'm glad you raised such an interesting question. 제가 그 점을 생각해 본 적은 없지만, 최선을 다해 답변 드리도록 하겠습니다.

>> do one's best 최선을 다하다

비즈패턴 151

초반에 말씀드렸던 것처럼 ~
As I said at the beginning,...

앞에서 다룬 내용을 재차 언급할 때 유용한 표현입니다. 주의를 환기시킬 때도 도움이 될 수 있으므로 잘 기억해 두세요.

플러스 패턴 As mentioned before,... 앞서 말씀드렸던 것처럼 ~

초반에 말씀드렸던 것처럼 불가능은 없습니다.
As I said at the beginning, nothing is impossible.

초반에 말씀드렸던 것처럼 우리는 시장을 확장해야 합니다.
As I said at the beginning, we should expand our markets.

처음에 말씀드렸던 것처럼 우리는 단가를 올려야 합니다.
As I said at the beginning, we need to increase the unit price. ▶ unit price 단가

처음에 말씀드렸던 것처럼 우리는 내년도 사업 전망이 밝습니다.
As I said at the beginning, we have a bright business outlook next year. ▶ outlook 전망, 예측

 **실전 활용 연습**

📊 presentation

Then, what should we do to get ready for changes made to the existing markets? 처음에 말씀드렸던 것처럼 우리는 유럽에서 새로운 시장을 개척해야 합니다.

그렇다면 기존 시장에 생긴 변화에 대비하기 위해 우리는 무엇을 해야 할까요? **As I said at the beginning, we need to pioneer a new market in Europe.**

>> pioneer 개척하다

Part 4 프레젠테이션 영어 **199**

비즈패턴 152

다시 말해서 ~
In other words,...

이해를 돕기 위해 다른 방식으로 표현할 때 사용하는 어구입니다. 문자 그대로 '다른 말로 하자면', '바꿔 말하면'이라는 뜻으로 that is to say와 같은 의미입니다.

플러스 패턴 By the same token,... 같은 이유로

다시 말해서 고객이 항상 왕입니다.
In other words, the customer is always the king.

다시 말해서 그런 나쁜 습관은 버려야 합니다.
In other words, you should kick those bad habits. ▶ kick a habit (나쁜) 습관을 버리다

다시 말해서 우리는 내년의 전망이 아주 밝습니다.
In other words, we have a very bright future next year.

다시 말해서 결코 늦지 않았습니다.
In other words, it's never too late.

실전 활용 연습

📊 presentation

Now I'd like to wrap up my presentation. Okay, let me summarize the main point of my presentation. It's never too late. 다시 말해서 늦더라도 안 하는 것보다 낫습니다.

이제 제 프레젠테이션을 마무리 짓겠습니다. 그럼 제 프레젠테이션의 핵심을 정리해 보죠. 결코 늦지 않았습니다. **In other words, it is better late than never.**

>> **wrap up** (회의 등을) 마무리 짓다 **summarize** 요약하다

비즈패턴 153

마지막으로 ~하겠습니다

In conclusion, let me...

in conclusion은 '마지막으로'라는 뜻으로, 발표를 마무리 지을 때 사용하는 어구입니다. 'let me+동사원형'은 '제가 ~하겠습니다'라는 의미입니다.

플러스 패턴 I'd like to finish off with... 마지막으로 ~를 말씀드리겠습니다

마지막으로 간략히 요약하겠습니다.
In conclusion, let me make a short summary.

마지막으로 이 인용구만 말씀드리겠습니다.
In conclusion, let me say just this quote.
▶ quote 인용구; 인용하다

마지막으로 두 가지 우수 사례를 말씀드리겠습니다.
In conclusion, let me take a couple of good cases.

마지막으로 주요 내용을 강조하겠습니다.
In conclusion, let me emphasize the main points. ▶ emphasize 강조하다

 실전 활용 연습

📈 presentation

It seems you have no further questions. You can email me if you have any more later. 마지막으로 가장 유명한 사례 중 한 가지를 말씀드리겠습니다.

더 이상 질문이 없으신 것 같습니다. 추후에 질문이 더 있으시면 저에게 이메일 보내셔도 됩니다. **In conclusion, I'd like to talk about one of the most famous cases.**

>> **further** 추가의, 더 이상의

비즈패턴 154

~로 마무리하겠습니다
I'd like to conclude by…

conclude는 '결론을 내리다'라는 뜻으로, 발표의 마지막 파트에서 사용하기 좋은 패턴입니다. by 뒤에는 명사나 동명사를 씁니다.

플러스 패턴 In conclusion,… 끝으로 ~

제 발표를 요약하는 것으로 마무리하겠습니다.
I'd like to conclude by summarizing my talk.

주요 내용을 강조하는 것으로 마무리하겠습니다.
I'd like to conclude by emphasizing the main points.

우리 대표이사님 말씀을 인용하는 것으로 마무리하겠습니다.
I'd like to conclude by quoting our CEO.

'모험하지 않으면 얻는 것도 없다'는 말로 마무리하겠습니다.
I'd like to conclude by stating "Nothing ventured, nothing gained."

실전 활용 연습

📊 presentation

Thank you for your questions. As my time is running out, 속담 하나를 인용하는 것으로 마무리하겠습니다. Nothing ventured, nothing gained.

여러분들이 해 주신 질문에 감사드립니다. 이제 시간이 다 되어 가니, **I'd like to conclude by quoting a proverb.** 모험하지 않으면 얻는 것도 없습니다.

>> **quote** 인용하다; 인용구   **proverb** 속담

155

~라는 점을 꼭 기억하시기 바랍니다
It should be remembered that...

발표를 마무리하면서 청중이 꼭 기억했으면 하는 점을 언급할 때 쓰는 패턴입니다. that 뒤에는 '주어+동사' 형태를 넣어 주면 됩니다.

플러스 패턴 Don't forget that... ~를 명심하시기 바랍니다

고객이 항상 왕이라는 점을 꼭 기억하시기 바랍니다.
It should be remembered that the customer is always the king.

시장은 우리를 기다리지 않는다는 점을 꼭 기억하시기 바랍니다.
It should be remembered that markets do not wait for us.

즉각적인 행동을 취해야 한다는 점을 꼭 기억하시기 바랍니다.
It should be remembered that you need to take prompt action.   ▶ prompt 즉각적인, 지체 없는

말보다 행동이 어렵다는 점을 꼭 기억하시기 바랍니다.
It should be remembered that easier said than done.

실전 활용 연습

📋 presentation

So much for the review of my presentation. Thank you for your attention. 시장은 절대 우리를 기다리지 않는다는 점을 꼭 기억하시기 바랍니다.

이 정도로 발표 내용 정리는 마치도록 하겠습니다. 경청해 주셔서 감사합니다. **It should be remembered that markets never wait for us.**

\>\> so much for ~에 대해서는 이쯤 하기로 하고

Part 5

사무실 영어

Unit 22 직장 내 일상 회화

Unit 23 업무 협조하기

Unit 24 업무 지시하기

Unit 25 사무기기 사용하기

Unit 22

직장 내 일상 회화

156. How was…?
~ 어땠어요?

157. You look so…
아주 ~해 보이네요

158. Are you free for…?
~할 시간 있어요?

159. It's time for…
~할 시간이네요

160. It's been a really…
진짜 ~했어요

161. Sorry to bother you, but…
방해해서 미안한데 ~

비즈패턴 156

~ 어땠어요?
# How was…?

대화 상대방에게 회의, 여행, 주말, 음식 등이 어땠는지 의견이나 소감을 묻는 말입니다. 동료들끼리 일상적인 대화를 나눌 때 쉽게 주고 받을 수 있는 유용한 표현이니 꼭 기억해 두세요.

플러스 패턴 Did you enjoy…? ~는 재미있었어요?

구내식당 점심 어땠어요?
How was lunch at the cafeteria?
▶ cafeteria 구내식당, 직원식당

일본 출장 어땠어요?
How was your business trip to Japan?
▶ business trip 출장

어제 회의 어땠어요?
How was the meeting yesterday?

오늘 오전에 프레젠테이션 어땠어요?
How was the presentation this morning?

실전 회화 연습

A John, 일본 출장 어땠어요?
B I really enjoyed it.
A Good. Why don't we talk over a cup of coffee?

A 존, how was your business trip to Japan?
B 진짜 좋았어요.
A 잘됐군요. 우리 커피 한잔하면서 얘기할까요?

>> talk over a cup of coffee 커피 마시면서 얘기를 나누다

Part 5 사무실 영어 **207**

■ 비즈패턴 ■

아주 ~해 보이네요

You look so...

157

동료의 기분이나 상태를 눈치채 주는 센스도 중요하죠. 여기서 look은 '~해 보이다'라는 의미로, 뒤에는 형용사가 옵니다. so는 강조의 의미로 쓰였습니다.

플러스 패턴 I like... ~가 맘에 드네요

오늘 아침 아주 행복해 보이네요.
You look so happy this morning.

오늘 아주 좋아 보이네요.
You look so good today.

지금 아주 초조해 보이네요.
You look so anxious now.
▶ anxious 불안해하는, 초조한

아주 피곤해 보이네요.
You look so tired.

실전 회화 연습

A Wow, I finally finished the report.
B You had a long day. 많이 피곤해 보이네요.
A Yeah, and I am starving as well.

A 와, 드디어 보고서 끝냈다.
B 오늘 정말 힘들었죠? **You look so tired.**
A 네, 배도 엄청 고파요.

>> have a long day 힘든 하루를 보내다

비즈패턴 158

~할 시간 있어요?
Are you free for…?

free에는 '자유로운'이라는 뜻 외에도 '한가한, 다른 약속이 없는, ~할 시간이 있는'의 의미가 있습니다. be free for의 형태로 쓰면 '~할 시간이 있다'라는 뜻이 됩니다.

플러스 패턴 Do you have time for…? ~할 시간 있어요?

오늘 저와 점심 먹을 시간 있어요?
Are you free for lunch with me today?

점심 이후에 커피 한잔할 시간 있어요?
Are you free for a cup of coffee after lunch?

20분 뒤에 회의할 시간 있어요?
Are you free for a meeting in 20 minutes?

이번 주 중에 언제 저녁 식사 할 시간 있어요?
Are you free for dinner sometime this week?

실전 회화 연습

A   Ben, how was the meeting?
B   It was very good. I am working on the meeting minutes.
A   Good. 오늘 오후에 회의할 시간 있어요?

A   벤, 회의는 어땠어요?
B   아주 좋았어요. 회의록 작성 중이에요.
A   잘됐네요. Are you free for a meeting this afternoon?

>> **work on** ~에 대한 작업을 하다   **meeting minutes** 회의록

~할 시간이네요

It's time for...

뭔가를 해야 할 시간임을 알릴 때 흔히 사용하는 패턴입니다. for 뒤에는 명사나 동명사가 옵니다.

플러스 패턴 Let's go for... ~하러 가시죠

점심 먹을 시간이네요.
It's time for lunch.

회의할 시간이네요.
It's time for the meeting.

우리 회사에 변화가 필요한 때입니다.
It's time for a change at our company.

쉴 시간이네요.
It's time for a break.

▶ break (작업 중의) 휴식

A What time is it now? I'm starving.
B It's almost twelve o'clock.
A 점심 먹을 시간이네요. Let's go together.

A 지금 몇 시죠? 배가 고프네요.
B 거의 12시예요.
A It's time for lunch. 같이 가시죠.

>> be starving (비격식) 몹시 시장하다

진짜 ~했어요
It's been a really...

It's been은 It has been의 줄임 표현으로, 과거 어느 시점부터 지금까지 쭉 그래 왔다는 느낌으로 하는 말입니다. 회사에서의 하루가 어땠는지 표현할 때 사용해 보세요.

플러스 패턴 What a...! 정말 ~하네요!

오늘은 진짜 보람 있었어요.
It's been a really good day.

오늘은 진짜 바쁜 하루였어요.
It's been a really busy day today.

이번 주는 진짜 엉망이었어요.
It's been a really messed-up week.
▶ messed-up 엉망인

우리에게는 진짜 힘든 시장이었어요.
It's been a really tough market for us.
▶ tough 힘든, 어려운

A How is it going with you, Junho?
B Couldn't be worse. 이번 달은 진짜 바빴어요.
A I'm also pressed for time to finish my report.

A 잘 지내요, 준호 씨?
B 최악이에요. It's been a really busy month.
A 저도 보고서 마무리하느라 시간에 쫓기고 있어요.

>> worse 더 나쁜   be pressed for ~에 쫓기다

161

방해해서 미안한데 ~
Sorry to bother you, but...

bother는 '상대방을 방해하다'라는 뜻이에요. 직장 동료가 일하고 있거나 회의 중인데 할 말이 있다면 이렇게 말을 거는 것이 좋습니다.

플러스 패턴 Excuse me, but... 실례합니다만 ~

방해해서 미안한데 저 좀 도와주세요.
Sorry to bother you, but I need a hand.
▶ hand 도움(의 손길)

방해해서 미안한데 제 서류 작업 좀 도와줄 수 있어요?
Sorry to bother you, but can you help me with my paperwork? ▶ paperwork 서류 작업

방해해서 미안하지만 잠시 얘기 좀 할 수 있어요?
Sorry to bother you, but do you have a minute to talk?

방해해서 미안하지만 오늘 프레젠테이션이 언제죠?
Sorry to bother you, but when is the presentation today?

실전 회화 연습

A 방해해서 미안합니다만, 오늘 프레젠테이션이 언제죠?
B It has been postponed until Friday.
A Thanks, Junho.

A Sorry to bother you, but when is the presentation today?
B 금요일로 연기됐어요.
A 고마워요, 준호 씨.

>> postpone 연기하다

212

Unit 23

업무 협조하기

- 162. **I'm working on…** ~를 작업하고 있어요
- 163. **I'm busy with…** ~ 때문에 바빠요
- 164. **I'm pressed for…** ~에 쫓기네요
- 165. **I'm overwhelmed with…**
  ~가 너무 많아요
- 166. **Let me know if you…**
  ~하면 얘기하세요
- 167. **Can you help me with…, please?**
  ~ 좀 도와주실래요?
- 168. **First thing in the morning,…**
  아침에 제일 먼저 ~

비즈패턴 162

~를 작업하고 있어요

I'm working on…

work on은 '~에 공을 들이다/노력하다' 또는 '~ 작업에 열중하고 있다'라는 의미입니다. 프로젝트, 보고서, 발표자료, 협상 등을 위해 애쓰고 있을 때 사용하면 제격입니다.

플러스 패턴 I need more time for… ~할 시간이 더 필요해요

다음 주 프레젠테이션을 준비하고 있어요.
I'm working on next week's presentation.

월간 결산 보고서를 작업하고 있어요.
I'm working on the monthly account report.
▶ account report 결산 보고서

브라질 출장 보고서를 작업하고 있어요.
I'm working on the report on my business trip to Brazil.

전시회 서류 작업을 하고 있어요.
I'm working on the paperwork for the exhibit.
▶ exhibit 전시회, 박람회

실전 회화 연습

A You look so busy this morning, Jason.
B Yeah, 내일 할 프레젠테이션 작업을 하고 있어요.
A I see. Let me know if you need any help.

A 제이슨, 오늘 아침에 많이 바빠 보이네요.
B 네, **I'm working on tomorrow's presentation.**
A 그렇군요. 도울 일 있으면 얘기해요.

>> let me know 내게 알려주다

214

비즈패턴 163

~ 때문에 바빠요

I'm busy with...

회사에서 바쁜 상황을 설명할 때 쓰기 좋은 표현입니다. with 뒤에 무엇 때문에 바쁜지 이유를 넣으면 됩니다.

플러스 패턴　I'm tied up with...　~ 때문에 몹시 바빠요

지금은 일 때문에 바빠요.
I'm busy with work right now.

서류 작업 때문에 바빠요.
I'm busy with some paperwork.
▶ paperwork 서류 작업

이번 주는 업무 회의 때문에 바쁘네요.
I'm busy with business meetings this week.

회의록 작성 때문에 바쁘네요.
I'm busy with creating the minutes for the meeting.

실전 회화 연습

A　Can you help me with my paperwork this afternoon?
B　Well, I'd love to, but 저도 서류 작업 때문에 바쁘네요.
A　You help me first, and then I will help you with yours.

A　오늘 오후에 제 서류 작업 좀 도와줄 수 있어요?
B　음, 그러고 싶지만, **I'm also busy with some paperwork.**
A　먼저 제 일을 도와주면, 저도 당신 일을 도와줄게요.

>> help A with... A가 ~하는 것을 도와주다

비즈패턴 164

~에 쫓기네요
I'm pressed for...

be pressed for는 '~에 쫓기다, ~이 부족하다, ~때문에 바쁘다' 등의 뜻이에요. 시간에 쫓기거나 돈이 쪼들리는 등 뭔가에 여유가 없을 때 사용해 보세요.

플러스 패턴 I'm under pressure to... ~하느라 압박을 받고 있어요

자금에 쪼들리고 있어요.
I'm pressed for cash. ▶ cash 자금, 현금

오늘은 시간에 쫓기고 있어요.
I'm pressed for time today.

신규 프로젝트에 쓸 자금이 빠듯해요.
I'm pressed for money for the new project.

바이어의 질문에 답을 하느라 바빠요.
I'm pressed for an answer to the buyer's questions.

실전 회화 연습

A How long will the meeting last?
B Around two hours. Are you busy today?
A Yes, 오늘은 시간에 쫓기고 있어요.

A 회의가 얼마나 걸리죠?
B 두 시간 정도요. 오늘 바쁜가요?
A 네. I'm pressed for time today.

>> last (회의 등이) 지속되다, 계속되다

165

~가 너무 많아요
I'm overwhelmed with…

be overwhelmed with는 '~에 압도되다'라는 의미로, 업무가 너무 많은 상황을 표현할 때 사용할 수 있습니다.

플러스 패턴 I have piles of work to… ~할 일이 산더미처럼 많아요.

일이 너무 많아요.
I'm overwhelmed with tons of work.
▶ tons of 다수의, 엄청 많은

서류 작업이 너무 많아요.
I'm overwhelmed with paperwork.

지금 다른 일들이 너무 많아요.
I'm overwhelmed with so many other things now.

회의 때문에 준비할 게 너무 많아요.
I'm overwhelmed with the preparations for the meeting. ▶ preparation 준비

실전 회화 연습

A It's time to go home now.
B 내일 오전 회의 때문에 준비할 게 너무 많아요.
A You should have finished it yesterday.

A 이제 퇴근할 시간이네요.
B I'm overwhelmed with the preparations for the meeting tomorrow morning.
A 어제 끝냈어야죠.

>> should have p.p. ~했어야 했다 (지난 일에 대한 후회나 질책)

비즈패턴 166

~하면 얘기하세요

Let me know if you...

let me know는 '내가 ~를 알게 해 달라', 즉 '나에게 ~를 알려 달라'는 뜻이에요. 상대방에게 도움이 필요하거나 질문이 있으면 얘기하라고 할 때 사용해 보세요.

플러스 패턴 I would gladly... 기꺼이 ~하겠습니다

질문 있으면 얘기하세요.
Let me know if you have any questions.

회의에 가실 거면 얘기하세요.
Let me know if you go to the meeting.

뭐든 필요하면 얘기하세요.
Let me know if you need anything.

보고서 양식을 바꾸고 싶으면 얘기하세요.
Let me know if you want to change the format of the report.

▶ format 구성 방식, 양식, 형식

실전 회화 연습

A I emailed you the monthly sales report.
B Thank you. I'll take a look at it.
A 보고서 양식을 바꾸고 싶으면 얘기하세요.

A 월간 매출 보고서를 이메일로 보냈습니다.
B 고마워요. 살펴볼게요.
A **Let me know if you want to change the format of the report.**

>> monthly 한 달에 한 번의, 매월의

비즈패턴 167

~ 좀 도와주실래요?

Can you help me with..., please?

상대방에게 도움을 요청할 때 사용하는 패턴입니다. with 다음에 도움이 필요한 내용을 명사나 동명사 형태로 넣으면 됩니다.

플러스 패턴 Would you mind -ing? ~해 주시겠습니까?

제 짐 좀 도와주실래요?
Can you help me with my luggage, please?
▶ luggage (여행용) 짐

매출 보고서 좀 도와주실래요?
Can you help me with the sales report, please?

그 문제 좀 도와주실래요?
Can you help me with the problem, please?

브로슈어 교정 좀 도와주실래요?
Can you help me with the proofreading of the brochure, please?　▶ proofread 교정을 보다

실전 회화 연습

A　Do you have a minute?
B　Sure. What do you need?
A　매출 보고서 좀 도와주실래요?

A　잠깐 시간 좀 있어요?
B　그럼요. 뭘 도와줄까요?
A　Can you help me with the sales report?

>> minute (시간 단위의) 분, 잠깐

Part 5 사무실 영어　**219**

비즈패턴 168

아침에 제일 먼저 ~

First thing in the morning,...

'아침에 제일 먼저 해야 하는 일'은 곧 '아침에 출근하자마자'라는 의미입니다. 내가 할 일을 말할 때뿐만 아니라 상대방이 할 일을 지시할 때도 사용할 수 있습니다.

플러스 패턴   It is urgent to...   ~하는 것이 시급합니다

아침에 제일 먼저 사장님께 전화 드리겠습니다.
First thing in the morning, I will call the boss.

아침에 제일 먼저 그 일을 재차 확인하겠습니다.
First thing in the morning, I will double-check the work.   ▶ double-check 재확인하다

아침에 제일 먼저 복사 용지를 구입하겠습니다.
First thing in the morning, I will buy copy paper.   ▶ copy paper 복사 용지

아침에 제일 먼저 팩스를 확인하세요.
First thing in the morning, check the fax machine.

실전 회화 연습

A Have you reserved a room for the meeting?
B Yes. It is in room 107 tomorrow.
A 아침에 제일 먼저 예약을 확인해 주세요.

A 회의실 예약했죠?
B 네. 내일 107호입니다.
A **First thing in the morning, you should confirm the reservation.**

>> confirm 확인하다

Unit 24

업무 지시하기

169. Make a copy of…
~를 복사하세요

170. Please print…
~를 출력해 주세요

171. I'd like to have ~ by…
~를 …까지 준비해 주세요

172. Make sure to turn in ~ by…
…까지 ~를 꼭 제출해 주세요

173. Please don't forget to…
~하는 것 잊지 마세요

174. When do you need…by?
~가 언제까지 필요하세요?

~를 복사하세요

Make a copy of...

make a copy of는 '~를 복사하다'라는 뜻입니다. 여러 장을 복사할 경우 make two copies of처럼 숫자를 넣고 복수형 copies를 씁니다.

플러스 패턴 Could you xerox...? ~를 복사해 주시겠어요?

계약서 원본을 복사하세요.

Make a copy of the original contract.
▶ original 원래의, 원본의

신청서를 복사하세요.

Make a copy of the application form.
▶ application form 신청서

프레젠테이션 유인물을 복사하세요.

Make a copy of the handout for the presentation. ▶ handout 인쇄물, 유인물

동영상을 복사해서 USB에 저장하세요.

Make a copy of the video clip and save it to the USB drive.

실전 회화 연습

A Did you find the video file of the presentation?
B Yes. It was in my document folder.
A 동영상을 복사해서 USB에 저장하세요.

A 발표 동영상을 찾았어요?
B 네. 제 문서 폴더에 있었어요.
A Make a copy of the video clip and save it to the USB drive.

>> **folder** 서류철, (컴퓨터에서 파일 보관용) 폴더

비즈패턴 170

~를 출력해 주세요

Please print...

회사에서는 문서를 출력해서 검토하거나 회의 자료로 사용할 일이 많지요. print는 컴퓨터로 작성된 자료를 '인쇄하다, 출력하다'라는 뜻입니다.

플러스 패턴 Please send the document by... 문서를 ~로 보내 주세요

지난달 매출 보고서를 출력해 주세요.
Please print last month's sales report.

회사 브로슈어를 3부 출력해 주세요.
Please print three copies of the company brochure.

출장에 쓸 전자 티켓을 출력해 주세요.
Please print my e-ticket for my business trip.
▶ e-ticket 전자 티켓

유인물을 컬러로 출력해 주세요.
Please print the handout in color.

실전 회화 연습

A I have checked the presentation file. You did a good job.
B Thank you. Anything else?
A 그 파일을 컬러로 10부 출력해 주세요.

A 프레젠테이션 파일을 확인했어요. 잘했더군요.
B 고맙습니다. 할 일이 더 있나요?
A Please print ten copies of the file in color.

>> in color 컬러로

비즈패턴 171

~를 …까지 준비해 주세요

I'd like to have ~ by…

상대방에게 서류나 파일, 각종 문서 등을 언제까지 준비해 달라고 요청하는 패턴입니다. by 뒤에 시간이나 날짜 등을 써서 기한을 나타냅니다.

플러스 패턴 Please finalize… ~를 마무리해 주세요

파일을 오후 3시까지 준비해 주세요.
I'd like to have the files **by** 3:00 p.m.

회의록을 내일 오전까지 준비해 주세요.
I'd like to have the minutes **by** tomorrow morning.

사진들을 이번 주 말까지 준비해 주세요.
I'd like to have the pictures **by** the end of the week.

계약서 2부를 오늘까지 준비해 주세요.
I'd like to have two copies of the contract **by** today.

A When should I finish the report?
B 이번 수요일까지 준비해 주세요.
A All right. I will start working on it right now.

A 보고서를 언제 끝내면 되나요?
B I'd like to have it by this Wednesday.
A 알겠습니다. 지금 당장 작업을 시작하겠습니다.

>> **work on** ~를 작업하다, ~에 애쓰다

비즈패턴 172

…까지 ~를 꼭 제출해 주세요

Make sure to turn in ~ by...

기한 내에 서류 등을 제출하라고 말할 때 사용하는 패턴입니다. make sure to는 '꼭 ~해, 잊지 말고 ~해'라는 당부의 표현이고, turn in은 '제출하다, 반납하다'라는 의미입니다.

플러스 패턴 Keep in mind... ~를 명심하세요

오늘까지 통행증을 꼭 제출해 주세요.
Make sure to turn in the pass **by** today.
▶ pass 통행증

10월 9일까지 과제를 꼭 제출해 주세요.
Make sure to turn in your assignments **by** Oct. 9. ▶ assignment 과제, 임무

오늘 저녁까지 브로슈어를 꼭 제출해 주세요.
Make sure to turn in the brochure **by** this evening.

오늘 오후 5시까지 책을 꼭 반납해 주세요.
Make sure to turn in the books **by** five p.m. today.

실전 회화 연습

A How is the paperwork coming along?
B I think I can finish it on schedule.
A Good! 내일 오전까지 서류를 꼭 제출해 주세요.

A 서류 작업이 어떻게 되고 있어요?
B 예정대로 마칠 수 있을 것 같습니다.
A 좋아요! Make sure to turn it in by tomorrow morning.

>> **come along** (원하는 대로) 되어 가다, 나아지다

Part 5 사무실 영어 **225**

비즈패턴 173

~하는 것 잊지 마세요
Please don't forget to...

forget to는 '~하는 것을 잊다/깜박하다'라는 표현이에요. 업무에서 해야 할 일을 잊지 않도록 상대방에게 당부할 때 이 패턴을 사용해 보세요.

플러스 패턴 Make a mental note of... ~를 잘 기억하세요

매출 보고서를 마무리하는 것 잊지 마세요.
Please don't forget to finish the sales report.

USB 갖고 오는 것 잊지 마세요.
Please don't forget to bring the USB drive with you.

회의실 예약하는 것 잊지 마세요.
Please don't forget to reserve a room for the meeting.

세금 계산서 발행하는 것 잊지 마세요.
Please don't forget to issue a tax invoice.
▶ issue 발행하다, 발부하다 tax invoice 세금 계산서

실전 회화 연습

A Is everything ready for the meeting?
B 회의실 예약하는 것 잊지 마세요.
A Thank you for reminding me.

A 회의 준비는 다 된 건가요?
B Please don't forget to reserve a room for the meeting.
A 다시 알려 줘서 고마워요.

>> reserve 예약하다 remind 상기시키다, 다시 기억나게 하다

비즈패턴 174

~가 언제까지 필요하세요?

When do you need...by?

업무 지시를 받은 일을 언제까지 해야 하는지 물어볼 때 사용하는 패턴입니다. by는 '~까지'라는 뜻인데, by를 빼도 의미는 통할 수 있습니다.

플러스 패턴 When is the deadline for...? ~의 기한이 언제인가요?

그게 언제까지 필요하세요?
When do you need it by?

발표 파일이 언제까지 필요하세요?
When do you need the presentation file by?

계약서가 언제까지 필요하세요?
When do you need the contract by?
▶ contract 계약, 계약서

공장 사진이 언제까지 필요하세요?
When do you need the pictures of the factory by?
▶ factory 공장

실전 회화 연습

A Can you go over this report for me?
B Sure. 언제까지 필요하세요?
A It would be great if you could finish it by tomorrow.

A 이 보고서 좀 검토해 주실래요?
B 그럼요. When do you need it by?
A 내일까지 끝내 주면 좋겠어요.

>> go over 검토하다

Unit 25

사무기기 사용하기

175. Are you done with…?
~를 다 쓰신 건가요?

176. May I use…?
~ 좀 써도 될까요?

177. The copy machine is…
복사기가 ~해요

178. I can't get…to work
~가 작동이 안 되네요

179. We've run out of…
~가 다 떨어졌어요

180. Is there another…I can use?
사용 가능한 다른 ~가 있나요?

비즈패턴 175

~를 다 쓰신 건가요?

Are you done with…?

사무기기 등을 다른 사람이 사용하고 있을 때 다 사용했는지 물어보는 표현입니다. 다 썼으면 I'm done.이라고 대답하면 됩니다.

플러스 패턴 May I cut in line because…? ~때문에 그러는데 제가 먼저 해도 될까요?

복사기 다 쓰신 건가요?
Are you done with the copy machine?
▶ copy machine 복사기

팩스 다 쓰신 건가요?
Are you done with the fax?

스테이플러 다 쓰신 건가요?
Are you done with the staplers?
▶ stapler 스테이플러, 호치키스

스캐너 다 쓰신 건가요?
Are you done with the scanner?

실전 회화 연습

A 복사기 다 쓰신 건가요?
B Yes. It's all yours.
A Thank you.

A Are you done with the copy machine?
B 네. 이제 사용하시면 됩니다.
A 고마워요.

>> **It's all yours.** 모두 당신 것입니다. (사용해도 된다는 의미)

비즈패턴

~ 좀 써도 될까요?
# May I use…?

176

상대방의 동의나 허락을 구할 때 사용하는 May I…?는 사회생활에 매우 유용한 패턴입니다. 다른 사람의 물건을 빌릴 때는 May I 뒤에 동사 use를 넣어서 물어보세요.

플러스 패턴 May I borrow…? ~ 좀 빌려도 될까요?

스테이플러 좀 써도 될까요?
May I use your stapler?

계산기 좀 써도 될까요?
May I use your calculator?
▶ calculator 계산기

종이 클립 좀 써도 될까요?
May I use your paper clips?

가위 좀 써도 될까요?
May I use a pair of scissors?
▶ a pair of scissors 가위 하나

실전 회화 연습

A Excuse me. 가위 좀 써도 될까요?
B Of course. Here you are.
A Thanks.

A 실례합니다. May I use a pair of scissors?
B 그럼요. 여기요.
A 고마워요.

>> **Here you are.** 여기요. (상대방에게 뭔가를 건네면서 하는 말)

177

복사기가 ~해요
The copy machine is…

회사에서 사용하는 복사기는 여러 사람이 사용하다 보니 자주 고장이 나지요. 자주 쓰이는 상황에 대한 다음 표현들을 익혀 두세요.

플러스 패턴 …has broken ~가 고장 났어요

복사기가 또 고장 났어요.
The copy machine is broken again.

복사기에 종이가 걸렸어요.
The copy machine is jammed.
▶ jammed 움직일 수 없는, 꼼짝도 하지 않는

복사기에 종이가 모자라요.
The copy machine is short of paper.
▶ be short of ~가 부족하다

복사기는 오늘 오후에 수리될 예정이에요.
The copy machine is going to be fixed this afternoon.

A 복사기가 또 고장 났어요.
B Oh, not again. I need to make some copies right now.
A Let's go to the office next to us. It has a new photocopier.

A The copy machine is broken again.
B 또요? 나도 지금 복사해야 하는데.
A 옆 사무실로 가요. 거기에 새 복사기가 있거든요.

>> photocopier 복사기

비즈패턴 178

~가 작동이 안 되네요

I can't get...to work

사무기기 등이 작동하지 않을 때 사용하는 패턴이에요. 동사 work는 기계나 장치 등이 주어일 경우 '작동되다'라는 의미입니다.

플러스 패턴　We have a problem with...　~에 문제가 생겼어요

복사기가 작동이 안 되네요.
I can't get the copier to work.
▶ copier 복사기

스피커가 작동이 안 되네요.
I can't get the speakers to work.

제 컴퓨터가 작동이 안 되네요.
I can't get my desktop computer to work.

에어컨이 작동이 안 되네요.
I can't get the air conditioner to work.
▶ air conditioner 에어컨

실전 회화 연습

A　What is taking you so long?
B　제 컴퓨터가 작동이 안 되네요.
A　You can use mine then.

A　왜 이리 오래 걸려요?
B　I can't get my desktop computer to work.
A　그럼 제 컴퓨터를 쓰세요.

>> take (시간이) 걸리다

비즈패턴 179

~가 다 떨어졌어요

We've run out of...

run out of는 '~이 다 떨어져서 없다'라는 의미예요. 사무실에서 사용하는 사무용품 등이 떨어졌을 때 이 패턴으로 말해 보세요. 시제를 현재완료로 쓴다는 점을 주의하세요.

플러스 패턴 We're short of... ~가 부족해요

복사 용지가 다 떨어졌어요.
We've run out of copy paper.
▶ copy paper 복사 용지

시간이 없어요.
We've run out of time.

휘발유가 다 떨어졌어요.
We've run out of gas.
▶ gas 휘발유 (gasoline의 줄임말)

공간이 없어요.
We've run out of space.

실전 회화 연습

A May I use the copier now?
B 복사 용지가 다 떨어졌어요.
A I will get some from the other copier.

A 지금 복사기 써도 되나요?
B We've run out of copy paper.
A 다른 복사기에서 좀 갖고 올게요.

>> copier 복사기

Part 5 사무실 영어 **233**

사용 가능한 다른 ~가 있나요?
Is there another...I can use?

사무실에서 집기나 공간 등을 다른 사람이 사용 중인데 본인도 당장 사용해야 하는 경우에 이렇게 물어보면 의외로 문제를 쉽게 해결할 수도 있습니다.

`플러스 패턴` Is...available? ~를 쓸 수 있나요?

사용 가능한 다른 스캐너가 있나요?
Is there another scanner I can use?

사용 가능한 다른 프로젝터가 있나요?
Is there another projector I can use?

사용 가능한 다른 회의실이 있나요?
Is there another meeting room I can use?

사용 가능한 다른 복사기가 있나요?
Is there another copy machine I can use?

A Excuse me. Are you done with the scanner?
B Not yet. I have 50 more pages to scan.
A 사용 가능한 다른 스캐너가 있나요?

A 실례합니다. 스캐너 다 사용하신 건가요?
B 아직이요. 스캔할 게 50페이지 더 있어요.
A **Is there another scanner I can use?**

>> be done with ~를 다 사용하다

Nothing is impossible,
the word itself says "I'm possible!"

불가능이란 없다.
그 단어 자체가 "나는 가능합니다"라고 말하고 있기 때문이다.

— 오드리 헵번(Audrey Hepburn)

Part 6

해외 출장 영어

- **Unit 26** 공항 이용하기
- **Unit 27** 호텔 및 교통
- **Unit 28** 식사 및 쇼핑

Unit 26

공항 이용하기

181. **I'd like to confirm my reservation for…** ~ 예약을 확인하고 싶습니다

182. **I have…to check in** 부칠 ~가 있어요

183. **I would prefer…** ~가 더 좋습니다

184. **I'm here on/for…** ~하러 왔습니다

185. **I'm staying here for…** ~동안 여기에서 머물 겁니다

181

~ 예약을 확인하고 싶습니다

I'd like to confirm my reservation for...

해외 출장을 간다면 항공편과 숙소를 예약한 후 반드시 예약 확인도 해야 합니다. reservation은 '예약', confirm은 '확인하다'라는 뜻입니다.

플러스 패턴 It is under the name of… ~ 이름으로 되어 있어요

파리행 비행기 예약을 확인하고 싶습니다.
I'd like to confirm my reservation for my flight to Paris. ▶ flight 항공편, 비행

공항까지 택시 예약을 확인하고 싶습니다.
I'd like to confirm my reservation for a taxi to the airport.

다음 주 월요일 방 예약을 확인하고 싶습니다.
I'd like to confirm my reservation for a room next Monday.

다섯 명 자리 예약을 확인하고 싶습니다.
I'd like to confirm my reservation for a table of five.

실전 회화 연습

A How may I help you?
B 암스테르담행 101편 예약을 확인하고 싶습니다.
A May I have your name, please?

A 무엇을 도와 드릴까요?
B I'd like to confirm my reservation for Flight 101 to Amsterdam.
A 성함이 어떻게 되시죠?

■ 비즈패턴 ■

182

부칠 ~가 있어요
I have...to check in

check in은 '수속을 밟다' 외에 공항에서 '짐을 부치다'라는 뜻으로도 사용됩니다. 즉, 짐을 기내에 갖고 가지 않고 화물로 부치는 것을 check in이라고 하면 됩니다.

플러스 패턴 ┃ I have...to carry on ~는 직접 들고 갈 겁니다

부칠 가방이 두 개 있어요.
I have two bags to check in.

부칠 짐이 있어요.
I have luggage to check in.
▶ luggage (주로 영국에서) 짐, 수하물

부칠 짐이 두 개 더 있어요.
I have two more pieces of baggage to check in.
▶ baggage (주로 미국에서) 짐, 수하물

부칠 노트북 컴퓨터가 있어요.
I have a notebook computer to check in.

실전 회화 연습

A Do you have any baggage to check in?
B Yes. 부칠 가방이 두 개 있어요.
A Please put it on the scale here.

A 부칠 짐이 있으세요?
B 네. I have two bags to check in.
A 여기 저울 위에 올려 주세요.

>> scale 저울

~가 더 좋습니다
I would prefer...

prefer는 '선호하다, 더 좋아하다'라는 뜻인데, 여행 시 비행 시간, 좌석, 숙소 등에 대해 원하는 바를 얘기할 때 제격입니다. 뒤에 명사나 to부정사를 붙이면 됩니다.

플러스 패턴 Could you get me...? ~를 줄 수 있나요?

창가 자리가 더 좋습니다.
I would prefer a window seat.

오전 비행기가 더 좋습니다.
I would prefer a morning flight.
▶ flight 비행, 항공편

시내에서 가까운 호텔이 더 좋습니다.
I would prefer a hotel close to downtown.

호텔까지 택시를 타는 게 더 좋습니다.
I would prefer to take a taxi to the hotel.
▶ take a taxi 택시를 타다

A An aisle seat or a window seat?
B 통로 쪽 좌석이 더 좋습니다.
A Okay. Any baggage to check in?

A 통로 쪽 좌석요, 아니면 창가 쪽 좌석요?
B **I would prefer an aisle seat.**
A 알겠습니다. 부칠 짐이 있으신가요?

>> aisle 통로, 복도

~하러 왔습니다
I'm here on/for...

방문 목적을 말할 때 사용하는 패턴입니다. 뒤에 'on+명사'나 'for+동명사' 또는 to부정사를 연결하여 방문 목적을 말할 수 있습니다.

플러스 패턴 The purpose of my visit... 방문 목적은 ~입니다

사업 차 왔습니다.
I'm here on business.

휴가로 왔습니다.
I'm here on vacation.

관광하러 왔습니다.
I'm here for sightseeing.
▶ sightseeing 관광, 구경

제 거래처를 방문하러 왔습니다.
I'm here to visit my supplier.
▶ supplier 공급업체, 거래처

A What is the purpose of your visit?
B 거래처를 방문하러 왔습니다.
A What kind of business do you do?

A 방문 목적이 어떻게 되시죠?
B I am here to visit my supplier.
A 어떤 사업을 하시나요?

>> purpose 목적

비즈패턴 185

~ 동안 여기에서 머물 겁니다
# I'm staying here for…

얼마나 머무는지 답할 때 사용하는 표현입니다. 며칠, 몇 주 등의 기간을 말할 때는 for를 사용하고, '~까지'라고 말할 때는 until을 사용합니다.

플러스 패턴 How long…? 얼마나 ~입니까?

3일 동안 여기에서 머물 겁니다.
I'm staying here for three days.

약 2주 동안 여기에서 머물 겁니다.
I'm staying here for around two weeks.

다음 주 수요일까지 여기에서 머물 겁니다.
I'm staying here until next Wednesday.

이달 말까지 여기에서 머물 겁니다.
I'm staying here until the end of the month.

실전 회화 연습

A How long are you going to stay here?
B 다음 주말까지 여기에 머물 겁니다.
A Have you made a reservation?

A 여기에 얼마나 오래 계실 건가요?
B I am staying here until next weekend.
A 예약하셨나요?

>> make a reservation 예약하다

27

호텔 및 교통

186. I made a reservation for…
~를 예약했습니다

187. Can I have…, please?
~를 주실 수 있나요?

188. I'd like to complain about…
~에 불만이 있습니다

189. How can I go to…?
~로 어떻게 가면 되나요?

190. Does this bus go to…?
이 버스가 ~로 가나요?

191. How long will it take to get to…?
~까지 가려면 얼마나 걸릴까요?

192. Where is the nearest…?
가장 가까운 ~가 어디인가요?

193. Please take me to… ~로 가 주세요

비즈패턴 186

~를 예약했습니다

I made a reservation for...

make a reservation은 '예약하다'라는 의미입니다. 비행기, 호텔, 식당 등을 예약했다고 말할 때 이렇게 말하세요. for 뒤에 무엇에 대해 예약했는지 밝혀 주세요.

플러스 패턴 For which..., please? ~는 어느 것으로 할까요?

이 호텔에 예약했습니다.
I made a reservation for this hotel.

런던행 항공편을 예약했습니다.
I made a reservation for a flight to London.

2인실을 예약했습니다.
I made a reservation for a double room.
▶ double room 2인실

다섯 명 자리를 예약했습니다.
I made a reservation for a table of five.

실전 회화 연습

A Welcome to the Hotel Saint Paul.
B 2인실을 일주일 예약했습니다.
A May I have your name, please?

A 세인트 폴 호텔에 오신 것을 환영합니다.
B I made a reservation for a double room for a week.
A 성함이 어떻게 되시죠?

비즈패턴 187

~를 주실 수 있나요?
Can I have…, please?

호텔 투숙객이 호텔 측에 서비스에 대해 문의할 때 유용한 표현입니다. 마지막에 please를 사용하면 부드러운 요청 표현이 된다는 점 잊지 마세요.

플러스 패턴 Could you bring me…? ~좀 가져다 주실래요?

수건을 몇 장 더 주실 수 있나요?
Can I have more towels, please?

지금 룸서비스가 가능한가요?
Can I have some room service now, please?

6시에 모닝콜 좀 해 주실 수 있나요?
Can I have a wake-up call at 6, please?
▶ wake-up call 모닝콜

지역 지도 좀 받을 수 있나요?
Can I have a local map, please?
▶ local 지역의, 현지의

 실전 회화 연습

A How may I help you?
B 내일 아침 5시에 모닝콜 좀 해 주실 수 있나요?
A Sure. May I have your room number, please?

A 무엇을 도와드릴까요?
B Can I have a wake-up call at five tomorrow morning, please?
A 그럼요. 방 번호를 알려 주시겠습니까?

>> at five tomorrow morning 내일 아침 5시에

비즈패턴 188

~에 불만이 있습니다
I'd like to complain about...

complain about은 '~에 대해 불평하다'라는 의미입니다. 고객으로서 문제점에 대해 항의하거나 조치를 요구할 때 사용하면 됩니다.

플러스 패턴 Something's wrong with... ~에 문제가 있어요

에어컨에 불만이 있습니다.
I'd like to complain about the air conditioner.
▸ air conditioner 에어컨

인터넷 접속에 불만이 있습니다.
I'd like to complain about the Internet connection. ▸ connection 연결, 접속

룸서비스에 불만이 있습니다.
I'd like to complain about the room service.

오늘 아침에 먹은 식사에 불만이 있습니다.
I'd like to complain about the meal I had this morning.

실전 회화 연습

A Good morning! What can I do for you?
B 제 방의 침구에 불만이 있습니다.
A First of all, I am really sorry about that.

A 안녕하세요! 무엇을 도와드릴까요?
B I'd like to complain about the bedding in my room.
A 먼저 불편을 드려 죄송합니다.

>> bedding 침구   first of all 우선, 먼저

비즈패턴 189

~로 어떻게 가면 되나요?

How can I go to…?

외지에서 길을 묻는 것은 아주 중요한 일입니다. '~로 가는 길을 알려 주세요'라는 의미로 이 표현을 사용하면 됩니다.

플러스 패턴 How do I get to…? ~로 어떻게 가면 되나요?

프라도 박물관으로 어떻게 가면 되나요?
How can I go to the Prado Museum?

빅토리 극장으로 어떻게 가면 되나요?
How can I go to Victory Theater?

공항으로 어떻게 가면 되나요?
How can I go to the airport?

대중교통으로 시청에 어떻게 가면 되나요?
How can I go to city hall by public transportation?

▶ public transportation 대중교통

실전 회화 연습

A   Excuse me. May I ask you a question?
B   Yes, of course.
A   대중교통으로 시청에 어떻게 가면 되나요?

A   실례합니다. 뭐 하나 여쭤봐도 될까요?
B   네, 그럼요.
A   **How can I go to city hall by public transportation?**

>> city hall 시청, 시 당국

비즈패턴 190

이 버스가 ~로 가나요?
Does this bus go to…?

버스가 자신이 가려고 하는 목적지로 가는지 묻는 표현입니다. 또는 Does this bus stop at…?(이 버스가 ~에서 서나요?)이라고 물어도 됩니다.

플러스 패턴 I am looking for… ~를 찾고 있어요

이 버스가 시청으로 가나요?
Does this bus go to city hall?

이 버스가 로스앤젤레스 공항으로 가나요?
Does this bus go to Los Angeles Airport?

이 버스가 피치 베이로 가나요?
Does this bus go to Peach Bay?

이 버스가 데이토나 해변으로 가나요?
Does this bus go to Daytona Beach?

실전 회화 연습

A   Excuse me. 이 버스가 공항으로 가나요?
B   No. Take the bus number 120.
A   Thank you.

A   실례합니다. **Does this bus go to the airport?**
B   아니요. 120번 버스를 타세요.
A   고맙습니다.

>> **take** (버스, 비행기, 기차 등을) 타다

비즈패턴 191

~까지 가려면 얼마나 걸릴까요?

How long will it take to get to...?

take는 '(시간이) 걸리다, 소요되다'라는 의미를 갖고 있어요. 그래서 목적지까지의 소요시간을 물을 때는 how long(얼마나 오래)과 take를 이용해서 이렇게 물어봅니다.

플러스 패턴 How far is...from here? ~는 여기서 거리가 얼마나 되나요?

공항까지 가려면 얼마나 걸릴까요?
How long will it take to get to the airport?

시내까지 가려면 얼마나 걸릴까요?
How long will it take to get to the downtown area?
▶ downtown area 도심 지역, 시내

요세미티 국립공원까지 가려면 얼마나 걸릴까요?
How long will it take to get to Yosemite National Park?

시청까지 가려면 얼마나 걸릴까요?
How long will it take to get to city hall?

실전 회화 연습

A Excuse me. May I ask a question?
B Yes, you may.
A 시내까지 가려면 얼마나 걸릴까요?

A 실례합니다. 뭐 좀 여쭤봐도 될까요?
B 네, 그러세요.
A How long will it take to get to the downtown area?

>> Yes, you may. 네, 그러세요. (May I ~? 의문문에 대한 허락을 나타냄)

192

가장 가까운 ~가 어디인가요?
Where is the nearest…?

nearest는 near의 최상급으로 '가장 가까운'이라는 의미입니다. 가장 가까운 약국이나 식료품점 등을 찾을 때 유용한 표현입니다.

플러스 패턴 Is there…around here? 근처에 ~가 있나요?

가장 가까운 **우체국**이 어디인가요?
Where is the nearest post office?

가장 가까운 **식료품점**이 어디인가요?
Where is the nearest grocery store?
▶ grocery store 식료품점, 슈퍼마켓

가장 가까운 **편의점**이 어디인가요?
Where is the nearest convenience store?
▶ convenience store 편의점

가장 가까운 **약국**이 어디인가요?
Where is the nearest drugstore?
▶ drugstore 약국(약뿐만 아니라 화장품, 스낵, 잡화 등도 취급함)

A 가장 가까운 식료품점이 어디인가요?
B Go straight, and it will be on your right side.
A How far is it away from here?

A Where is the nearest grocery store?
B 쭉 가시면 오른편에 있어요.
A 여기서 거리가 얼마나 돼요?

>> straight 똑바로, 일직선으로

~로 가 주세요
Please take me to…

택시를 타서 운전기사에게 행선지를 말할 때도 take가 사용됩니다. take me to는 '나를 ~로 데려다 주세요'라는 의미입니다.

플러스 패턴 Could you send a taxi to…? ~로 택시를 보내 주시겠어요?

공항으로 가 주세요.
Please take me to the airport.

리버사이드 공원으로 가 주세요.
Please take me to Riverside Park.

이 주소로 가 주세요.
Please take me to this address.

제일 가까운 지하철역으로 가 주세요.
Please take me to the nearest subway station.

A Where to, sir?
B 가장 가까운 지하철역으로 가 주세요.
A I've got it. It is around 10 minutes away.

A 어디로 모실까요?
B Please take me to the nearest subway station.
A 알겠습니다. 10분 정도 거리에 있습니다.

>> subway station 지하철역 around 약, 쯤

Unit 28

식사 및 쇼핑

194. **I'll take…** ~ 주세요

195. **Can I have it without…, please?**
~ 빼고 주실 수 있나요?

196. **Can you get me…, please?**
~ 좀 주시겠어요?

197. **I'm looking for…** ~를 찾고 있습니다

198. **Do you have anything…?**
~한 것이 있나요?

199. **I would buy it if…** ~라면 살게요

200. **Do you accept…?** ~도 받나요?

~ 주세요
# I'll take…

패스트푸드 식당이나 레스토랑에서 음식을 주문할 때도 take가 사용됩니다. I'll take… 대신 I'll have…라고 해도 됩니다.

플러스 패턴 I'd like…, please ~ 주세요

치즈 버거 하나 주세요.
I'll take a cheeseburger.

햄 샌드위치하고 다이어트 콜라 주세요.
I'll take a ham sandwich and a diet coke.

작은 라떼 한 잔 포장해서 주세요.
I'll take a small latte to go.
▶ to go (음식을 식당에서 먹지 않고) 가지고 갈, 포장해 갈

초콜릿 머핀하고 커피 한 잔 주세요.
I'll take a chocolate muffin and a coffee.

A What would you like to have?
B 치즈버거하고 커피 주세요.
A For here or to go?

A 뭘 주문하시겠어요?
B I'll take a cheeseburger and a coffee.
A 드시고 가실 건가요, 포장하실 건가요?

비즈패턴 195

~ 빼고 주실 수 있나요?

Can I have it without…, please?

알레르기가 있거나 좋아하지 않아서 특정 음식을 빼 달라고 할 때 사용하는 패턴입니다. '~는 빼고'에 해당하는 표현이 바로 without입니다.

플러스 패턴 Would you like to try…? ~를 드셔 보시겠어요?

치즈 빼고 주실 수 있나요?
Can I have it without cheese, please?

휘핑크림 빼고 주실 수 있나요?
Can I have it without whipped cream, please?
▶ whipped cream 휘핑크림

견과류 빼고 주실 수 있나요?
Can I have it without nuts, please?
▶ nuts 견과류

양파 빼고 주실 수 있나요?
Can I have it without onions, please?

실전 회화 연습

A 유제품 빼고 주실 수 있나요?
B Of course. Will that be all?
A Yes. Thank you.

A Can I have it without any dairy products?
B 그럼요. 주문 다 하신 건가요?
A 네, 고맙습니다.

>> dairy product 유제품, 낙농제품

Part 6 해외 출장 영어 **255**

196

~ 좀 주시겠어요?

Can you get me..., please?

식당에서 음식을 주문할 때, 또는 자리에서 음료나 소스 등을 가져다 달라고 할 때 이 표현을 사용하면 됩니다.

플러스 패턴 Can I get more..., please? ~를 더 주시겠어요?

물 한 잔 좀 주시겠어요?

Can you get me a glass of water**, please?**

소금하고 후추 좀 주시겠어요?

Can you get me some salt and pepper**, please?**

맥주 한 병 좀 주시겠어요?

Can you get me a bottle of beer**, please?**

다른 포크 좀 주시겠어요?

Can you get me another fork**, please?**

A Excuse me. 물 좀 더 주시겠어요?
B Sure. I'll be with you.
A Thanks.

A 여기요. Can you get me some more water, please?
B 네, 가져다 드리겠습니다.
A 고맙습니다.

비즈패턴 197

~를 찾고 있습니다

I'm looking for...

쇼핑을 하면서 점원에게 자신이 찾고 있는 것을 말할 때는 look for(~를 찾다)를 현재 진행형으로 써서 이렇게 말하면 됩니다.

플러스 패턴 Do you sell...? (상점에서) ~ 있나요?

농구화를 찾고 있습니다.
I am looking for a pair of basketball shoes.

딸에게 줄 기념품을 찾고 있습니다.
I am looking for some souvenirs for my daughter.
▶ souvenir 기념품

아내에게 줄 선물을 찾고 있습니다.
I am looking for a gift for my wife.

남성용 향수를 찾고 있습니다.
I am looking for cologne for men.
▶ cologne 남자용 향수 (여자용 향수는 perfume)

실전 회화 연습

A Are you looking for something in particular?
B 네. 아내에게 줄 향수를 찾고 있어요.
A It is over here.

A 특별히 찾는 거 있으세요?
B Yes. I am looking for perfume for my wife.
A 이쪽에 있습니다.

>> **in particular** 특별히, 특히

비즈패턴 198

~한 것이 있나요?
Do you have anything...?

쇼핑을 하면서 원하는 크기, 색상, 스타일 등에 따라 다른 종류도 보여 달라고 할 때 사용하는 표현입니다. anything 다음에 형용사 등의 표현을 붙이면 됩니다.

플러스 패턴 I'd prefer it in a different... 다른 ~인 것이 더 좋겠어요

더 큰 게 있나요?
Do you have anything bigger?

다른 게 있나요?
Do you have anything else?

좀 더 저렴한 게 있나요?
Do you have anything less expensive?

다른 색인 게 있나요?
Do you have anything in another color?

실전 회화 연습

A   What about this bag?
B   좀 더 밝은 색인 게 있나요?
A   Yes. We have more in different colors and styles.

A   이 가방은 어때요?
B   Do you have anything in a brighter color?
A   그럼요. 여러 가지 색상과 스타일로 많이 있어요.

>> What about...? ~는 어때요?

비즈패턴 199

~라면 살게요
I would buy it if...

I would buy it.은 '살 생각이 있다'라는 의미입니다. 물건을 구입하면서 흥정이 필요한 경우에 조건을 맞춰줄 수 있는지 if를 이용해서 흥정해 보세요.

플러스 패턴 That comes to…, please 다 합쳐서 ~입니다

좀 깎아 주면 살게요.
I would buy it if you gave me a discount.
▶ give a discount 할인하다, 깎아 주다

파란색으로 된 게 있으면 살게요.
I would buy it if you had it in blue.

좀 더 싸게 해 주면 살게요.
I would buy it if you came down a little.
▶ come down 할인하다, 깎아 주다

제 예산을 초과하지 않으면 살게요.
I would buy it if it wasn't over my budget.
▶ be over one's budget 예산을 초과하다

실전 회화 연습

A How much is it?
B It is 300 dollars.
A 좀 깎아 주면 살게요.

A 이거 얼마예요?
B 300달러입니다.
A I would buy it if you came down a little.

비즈패턴 200

~도 받나요?
Do you accept...?

외국에서 쇼핑하고 물건 값을 지불하면서 신용카드도 받는지, 외국 돈으로 지불해도 되는지 등을 물어볼 때 accept(받다)를 이용해서 이렇게 물어보세요.

플러스 패턴 I'll pay by... ~로 지불하겠습니다

신용카드도 받나요?
Do you accept credit cards?

체크카드도 받나요?
Do you accept check cards?

외국 돈도 받나요?
Do you accept foreign currency?
▶ currency 통화, 지폐

직불카드도 받나요?
Do you accept debit cards?
▶ debit card 직불카드

A How would you like to pay for that?
B 신용카드도 받나요?
A Of course. We accept all credit cards.

A 그거 어떻게 지불하시겠어요?
B Do you accept credit cards?
A 그럼요. 신용카드는 다 됩니다.

>> pay for ~의 값을 지불하다

Appendix

- 플러스 패턴 활용 예문

플러스 패턴 활용 예문

001 **Hello, Mr./Ms....** ~씨, 안녕하세요
Hello, Mr. Smith. 스미스 씨, 안녕하세요.

002 **I am writing an email to...** ~하고자 이메일 드립니다
I am writing an email to request a brochure.
브로슈어를 요청하고자 이메일 드립니다.

003 **I refer to your email of...** ~일자 이메일과 관련된 내용입니다
I refer to your email of Oct. 9. 10월 9일자 이메일과 관련된 내용입니다.

004 **I'd appreciate...** ~하면 감사하겠습니다
I'd appreciate your feedback. 피드백 주시면 감사하겠습니다.

005 **I am replying to...** ~에 대한 회신 이메일입니다
I am replying to your question on the design.
디자인 관련 질문에 대한 회신 이메일입니다.

006 **I'd like to kindly remind you...** ~임을 알려 드립니다
I'd like to kindly remind you the meeting was canceled.
회의가 취소되었음을 알려 드립니다.

007 **I notify you that...** ~를 알려 드립니다
I notify you that your order was shipped today.
귀사의 주문품이 오늘 발송되었음을 알려 드립니다.

008 **I feel honored to...** ~하게 되어 영광입니다
I feel honored to work with you. 귀사와 함께 일하게 되어 영광입니다.

009 **I look forward to...** ~를 기다리겠습니다
I look forward to your reply. 귀하의 답장을 기다리겠습니다.

010 **Could you tell me if...?** ~인지 알려 주시겠습니까?
Could you tell me if I can change my order?
주문을 변경할 수 있는지 알려 주시겠습니까?

011　Please reply... ~에 답장 주시기 바랍니다

Please reply as soon as possible. 가능한 한 빨리 답장 주시기 바랍니다.

012　I'll contact you... 제가 연락 드리겠습니다

I'll contact you after I come back from the business trip.
출장에서 돌아와서 제가 연락 드리겠습니다.

013　I'll be out of town for... ~ 동안 출장 예정입니다

I'll be out of town for around a week. 약 일주일 동안 출장 예정입니다.

014　Contact me at... ~로 연락 주세요

Contact me at the following email address. 다음 이메일 주소로 연락 주세요.

015　Please feel free to... 언제든지 ~하셔도 됩니다

Please feel free to make any changes. 언제든지 변경하셔도 됩니다.

016　I am pleased to attach... ~를 첨부합니다

I am pleased to attach the presentation file.
프레젠테이션 파일을 첨부합니다.

017　I have attached... ~를 첨부했습니다

I have attached the design file. 디자인 파일을 첨부했습니다.

018　I am passing ~ on to... ~에게 ~를 전달합니다

I am passing the file **on to** some interested colleagues.
관심 있는 동료들에게 파일을 전달합니다.

019　I've copied ~ on this email 이 이메일에 ~를 참조로 넣었습니다

I've copied my manager **on this email** to keep him informed.
현황 보고를 위해 이 이메일에 저희 부장님을 참조로 넣었습니다.

020　It slipped my mind that... ~를 깜박했습니다

It slipped my mind that the meeting had been canceled.
회의가 취소된 걸 깜박했습니다.

021　Please don't forget to... ~하는 것 잊지 마세요

Please don't forget to fax the document.
문서를 팩스로 보내시는 것을 잊지 마세요.

022 **We're located in...** 우리 회사는 ~에 있습니다

We're located in Seoul, Shanghai, and London. 우리 회사는 서울, 상하이, 런던에 있습니다.

023 **Our main business is...** 우리의 주력 사업은 ~입니다

Our main business is outdoor clothes. 우리의 주력 사업은 아웃도어 의류입니다.

024 **We produce...** 우리는 ~를 생산합니다

We produce waterproof flashlights. 우리는 방수 손전등을 생산합니다.

025 **A new product will make its debut in...** 신제품이 ~에 출시될 겁니다

A new product will make its debut in May, 2020. 신제품은 2020년 5월에 출시될 겁니다.

026 **Please take a look at...** ~를 주목해 주시기 바랍니다

Please take a look at the changes in the design.
디자인 변경사항을 주목해 주시기 바랍니다.

027 **More detailed information is provided in...** 보다 자세한 내용은 ~에 있습니다

More detailed information is provided in the yellow document.
보다 자세한 내용은 노란 문서에 있습니다.

028 **I'd like to fix a meeting for...** ~를 위한 회의 일정을 잡으려고 합니다

I'd like to fix a meeting for the presentation. 발표를 위한 회의 일정을 잡으려고 합니다.

029 **Do you have time to...?** ~할 시간 있으세요?

Do you have time to help me revise the plan?
제가 계획 수정하는 것을 도와줄 시간 있으세요?

030 **...will be convenient for me** 저는 ~가 좋습니다

Any Friday will be convenient for me. 금요일이면 아무 때나 좋습니다.

031 **Could you make time for...?** ~를 위해 시간 좀 내 주시겠습니까?

Could you make time for me? 저에게 시간 좀 내 주시겠습니까?

032 **I am afraid that...** 죄송하지만 ~

I am afraid that I cannot come down any more. 죄송하지만 더 이상은 못 깎아 드려요.

033 **Could you meet us on...?** ~에 뵐 수 있을까요?

Could you meet us on Monday? 월요일에 뵐 수 있을까요?

034 I am very thankful to... ~에 무척 감사드립니다

I am very thankful to you for your kind tips. 친절한 조언에 무척 감사드립니다.

035 This is a gentle reminder that... ~를 알려 드립니다

This is a gentle reminder that the application is due tomorrow.
신청 마감이 내일임을 알려 드립니다.

036 Could you confirm...? ~를 확인해 주시겠습니까?

Could you confirm the deadline? 마감일을 확인해 주시겠습니까?

037 Please give us the full particulars of... ~의 세부사항을 알려 주세요

Please give us the full particulars of the service.
서비스 세부사항을 알려 주세요.

038 I'd like to know... ~를 알고 싶습니다

I'd like to know some more details of the design.
디자인 세부 내용을 더 알고 싶습니다.

039 I am glad to let you know that... 기쁘게도 ~를 알려 드립니다

I am glad to let you know that we shipped your order today.
오늘 귀하의 주문품을 발송했음을 알려 드립니다.

040 Please be informed that... ~를 알려 드립니다

Please be informed that we received your application.
귀하의 신청서를 수령했음을 알려 드립니다.

041 I have a profound interest in... ~에 아주 관심이 많습니다

I have a profound interest in your IT service. 귀사의 IT서비스에 아주 관심이 많습니다.

042 I am writing to ask... ~를 문의하고자 이메일 드립니다

I am writing to ask you about the upcoming fair.
다가오는 박람회에 대해 문의하고자 이메일 드립니다.

043 I'd like to submit an order... ~를 주문합니다

I'd like to submit an order for a notebook computer. 노트북 컴퓨터를 주문합니다.

044 I'd like to edit my order to... 주문을 ~로 수정하고 싶습니다

I'd like to edit my order to 100. 주문을 100개로 수정하고 싶습니다.

045 **You can track...** ~를 추적 확인하실 수 있습니다

You can track your shipment with the number below.
아래 번호로 배송품을 추적 확인하실 수 있습니다.

046 **You can check...** ~를 확인하실 수 있습니다

You can check your order status online.
온라인으로 주문 처리 상황을 확인하실 수 있습니다.

047 **This is to inform you that...** ~를 알려 드립니다

This is to inform you that our new service center opens in spring.
새로운 서비스센터가 봄에 문을 열게 되어 알려 드립니다.

048 **Please ignore...** ~는 무시하시기 바랍니다

Please ignore the previous email sent yesterday.
어제 보낸 이메일은 무시하시기 바랍니다.

049 **Please note that...** ~를 참고하시기 바랍니다

Please note that your order was shipped yesterday.
주문하신 제품이 어제 발송되었음을 참고하시기 바랍니다.

050 **I'm sorry to tell you that...** ~를 알려 드리게 되어 유감입니다

I'm sorry to tell you that we have to cancel our order.
주문 취소를 알려 드리게 되어 유감입니다.

051 **Regrettably, we are unable to...** 유감스럽게도 저희는 ~할 수 없습니다

Regrettably, we are unable to ship your order as scheduled.
유감스럽게도 저희는 귀하의 주문품을 예정대로 발송할 수 없습니다.

052 **Further to this, I'd like to know if...** 추가로 ~여부를 알고 싶습니다

Further to this, I'd like to know if you can attend the conference.
추가로 회의에 참석하실 수 있는지 여부를 알고 싶습니다.

053 **Could you tell me if you can...?** ~할 수 있는지 알려 주시겠습니까?

Could you tell me if you can submit your report by 2 p.m.?
오후 2시까지 보고서를 제출할 수 있는지 알려 주시겠습니까?

054 Unfortunately,... 안타깝지만 ~입니다

Unfortunately, you can no longer edit your order.
안타깝지만 주문을 더 이상 수정하실 수 없습니다.

055 I humbly apologize... ~에 대해 매우 미안하게 생각합니다

I humbly apologize for the inconvenience. 불편을 끼쳐 드려 매우 미안하게 생각합니다.

056 We are now looking into... 현재 ~를 조사하고 있습니다

We are now looking into the shipping problem. 선적 문제를 현재 조사하고 있습니다.

057 Please take...into consideration ~를 고려해 주시기 바랍니다

Please take our suggestion **into consideration.** 우리의 제안을 고려해 주시기 바랍니다.

058 I assure you that we will... 우리는 틀림없이 ~하겠습니다

I assure you that we will do everything possible. 우리는 틀림없이 최선을 다하겠습니다.

059 I'm terribly sorry for... ~에 대해 정말 죄송합니다

I'm terribly sorry for the mistake. 실수를 해서 정말 죄송합니다.

060 I am calling from... ~에서 전화드립니다

I am calling from the post office. 우체국에서 전화드립니다.

061 May I ask...? ~를 여쭤봐도 될까요?

May I ask who's calling, please? 전화 거신 분이 누구신지 여쭤봐도 될까요?

062 Could I speak to...? ~와 통화할 수 있을까요?

Could I speak to Dr. Baker? 베이커 박사님과 통화할 수 있을까요?

063 I'll just transfer you to... ~로 (전화를) 바로 돌려 드리겠습니다

I'll just transfer you to Customer Service.
고객 서비스부로 (전화를) 바로 돌려 드리겠습니다.

064 May I speak with...? ~와 통화할 수 있을까요?

May I speak with Director Park? 박 이사님과 통화할 수 있을까요?

065 I am calling to... ~하기 위해 전화드립니다

I am calling to make a reservation for a booth. 부스를 예약하기 위해 전화드립니다.

066 **Can I take your..., please?** 귀하의 ~를 알려 주시겠습니까?

Can I take your name and number, **please?** 귀하의 이름과 번호를 알려 주시겠습니까?

067 **Thank you for calling...** ~에 전화 주셔서 감사합니다

Thank you for calling ABC Company. ABC사에 전화 주셔서 감사합니다.

068 **I will connect you to...** ~로 연결해 드리겠습니다

I will connect you to Dr. Oakley. 오클리 박사님께 연결해 드리겠습니다.

069 **Could you repeat...?** ~를 다시 말씀해 주시겠습니까?

Could you repeat your name? 성함을 다시 말씀해 주시겠습니까?

070 **I'm afraid...** 죄송합니다만 ~

I'm afraid Dr. Oakley is in a meeting. 죄송합니다만 오클리 박사님은 회의 중이십니다.

071 **I can't get through to...** ~로 연결이 되지 않습니다

I can't get through to his line now. 지금 그분 자리로 연결이 되지 않습니다.

072 **Would you mind -ing?** ~해 주시겠습니까?

Would you mind speaking up, please? 크게 말씀해 주시겠습니까?

073 **I will pass on...** ~를 전달하겠습니다

I will pass on your message. 귀하의 메모를 전달하겠습니다.

074 **I am afraid I can't...** 죄송합니다만 ~할 수 없습니다

I am afraid I can't hear you well. 죄송합니다만 잘 안 들립니다.

075 **I will call up...** ~로 전화를 걸어 보겠습니다

I will call up the service center. 서비스센터로 전화를 걸어 보겠습니다.

076 **I will ask ~ to...** ~에게 …하라고 부탁하겠습니다

I will ask him to call you back. 그분에게 다시 전화하시라고 부탁하겠습니다.

077 **Could I get more information on...?** ~에 대한 정보를 더 알 수 있을까요?

Could I get more information on the schedule? 일정에 대한 정보를 더 알 수 있을까요?

078 **Mind if I...?** 제가 ~해도 될까요?

Mind if I call you back later? 제가 나중에 다시 전화해도 될까요?

079 **Thank you for...** ~해 주셔서 감사합니다

Thank you for calling. 전화 주셔서 감사합니다.

080 **Where can I reach...?** ~에게 어디로 연락하면 되나요?

Where can I reach Susan? 수잔에게 어디로 연락하면 되나요?

081 **Is it possible to...?** ~해도 될까요?

Is it possible to leave a message? 메시지를 남겨도 될까요?

082 **Would you like me to...?** 제가 ~해 드릴까요?

Would you like me to take a message? 제가 메모를 받아 드릴까요?

083 **What is...?** ~는 무엇입니까?

What is her mobile phone number? 그녀의 휴대폰 번호는 무엇입니까?

084 **Our main goal today is to...** 오늘의 주요 목적은 ~하는 것입니다

Our main goal today is to determine the schedule for the business trip. 오늘의 주요 목적은 출장 일정을 정하는 것입니다.

085 **First, we'll be talking about...** 우선 ~에 대해 논의하겠습니다

First, we'll be talking about the planning for the budget. 우선 예산 편성에 대해 논의하겠습니다.

086 **I'd like to take a moment to introduce...** 잠시 ~를 소개하겠습니다

I'd like to take a moment to introduce the new secretary. 잠시 새 비서를 소개하겠습니다.

087 **I'd like to welcome...** ~를 환영합니다

I'd like to welcome you all. 여러분 모두를 환영합니다.

088 **I'll start with...** ~로 시작하겠습니다

I'll start with the review of the previous meeting. 지난 회의 검토로 시작하겠습니다.

089 **Check out..., please** ~를 확인하시기 바랍니다

Check out the agenda, please. 안건을 확인하시기 바랍니다.

090 **Please take a look at...** ~를 살펴봐 주시기 바랍니다

Please take a look at today's agenda. 오늘의 안건을 살펴봐 주시기 바랍니다.

091 **I called this meeting to...** ~하기 위해 이 회의를 소집했습니다

I called this meeting to determine sales strategies.
판매 전략을 결정하기 위해 이 회의를 소집했습니다.

092 **Let's get down to...** 본격적으로 ~하겠습니다

Let's get down to business. 본격적으로 본론으로 들어가겠습니다.

093 **We have to be out of here by...** 우리는 ~까지 마쳐야 합니다

We have to be out of here by three. 우리는 3시까지 마쳐야 합니다.

094 **Let's take turns...** 돌아가면서 ~하겠습니다

Let's take turns commenting on the design.
돌아가면서 디자인에 대해 의견을 말하겠습니다.

095 **I'm positive that...** ~라고 확신합니다

I'm positive that the new design will attract more customers.
새로운 디자인 덕분에 고객이 늘어날 것이라고 확신합니다.

096 **In my experience,...** 제 경험에 비춰 볼 때 ~

In my experience, our pricing policy needs to be revised.
제 경험에 비춰 볼 때 우리 회사의 가격 정책은 수정이 필요합니다.

097 **If I may, I think...** 한 말씀 드려도 된다면 저는 ~라고 생각합니다

If I may, I think we need to get more professional feedback.
한 말씀 드려도 된다면 저는 보다 전문적인 피드백을 받아야 한다고 생각합니다.

098 **Sorry, but can I finish...?** 죄송합니다만 제가 ~를 마저 끝내도 될까요?

Sorry, but can I finish my answer? 죄송합니다만 제 답변을 마저 끝내도 될까요?

099 **What are your views on...?** ~에 대한 견해가 어떠신가요?

What are your views on the brand-new design? 새로운 디자인에 대한 견해가 어떠신가요?

100 **I didn't catch...** ~를 못 들었습니다

I didn't catch the last part of your question.
질문의 마지막 부분을 못 들었습니다.

101 **I agree that...** ~라는 데 동의합니다

I agree that it is not necessary. 그게 필요하지 않다는 데 동의합니다.

102 **I'd go along with...** ~에 찬성합니다

I'd go along with the committee's decision. 위원회의 결정에 찬성합니다.

103 **That's exactly...** 정확히 ~ 그대로입니다

That's exactly what I think. 정확히 제가 생각하고 있는 그대로입니다.

104 **I agree to some extent, but...** 어느 정도는 동의하지만 ~

I agree to some extent, but we should lower the price.
어느 정도는 동의하지만 우리는 가격을 낮춰야 합니다.

105 **True enough, but...** 맞는 말씀입니다만 ~

True enough, but we should be more careful.
맞는 말씀입니다만 우리는 좀 더 신중해야 합니다.

106 **On the whole, I agree with you, but...** 대체로 동의합니다만 ~

On the whole, I agree with you, but we can't change the schedule.
대체로 동의합니다만 일정을 바꿀 수는 없습니다.

107 **I'm not with you on...** 저는 ~에 대해 다른 입장입니다

I'm not with you on that issue. 저는 그 문제에 대해 다른 입장입니다.

108 **Why don't we skip...?** ~를 건너뛸까요?

Why don't we skip the break? 휴식시간을 건너뛸까요?

109 **Let's skip to...** 다른 건 생략하고 ~로 넘어가겠습니다

Let's skip to the final item on the agenda.
다른 건 생략하고 의제 중에서 마지막 안건으로 넘어가겠습니다.

110 **Let's move on to...** ~로 넘어가겠습니다

Let's move on to the next item. 다음 안건으로 넘어가겠습니다.

111 It's time for... ~할 시간입니다

It's time for a break. 휴식 시간입니다.

112 Why don't we return to...? ~로 돌아갈까요?

Why don't we return to the main topic of the meeting?
회의 주요 안건으로 돌아갈까요?

113 Are there any more...? ~가 더 있으신가요?

Are there any more comments? 의견이 더 있으신가요?

114 I'd like to go back to... ~로 돌아가겠습니다

I'd like to go back to item 2 on the agenda. 안건 2번으로 돌아가겠습니다.

115 I'm afraid we only have...left 유감이지만 우리는 ~밖에 없습니다

I'm afraid we only have ten minutes left. 유감스럽게도 우리는 10분밖에 없습니다.

116 The name of the game is... 가장 중요한 것은 ~입니다

The name of the game is the collaboration of members.
가장 중요한 것은 멤버들의 협력입니다.

117 It would be better to... ~하는 것이 더 낫습니다

It would be better to lower the shipping cost. 운송료를 낮추는 것이 더 낫습니다.

118 Our main priority is... 우리의 최대 관심사는 ~입니다

Our main priority is the European market. 우리의 최대 관심사는 유럽 시장입니다.

119 A better solution might be... ~가 더 나은 해결책일 수 있습니다

A better solution might be rescheduling the meeting.
회의 일정을 조정하는 것이 더 나은 해결책일 수 있습니다.

120 Let me introduce... ~를 소개하겠습니다

Let me introduce myself. 제 소개를 하겠습니다.

121 Please welcome... ~를 환영해 주시기 바랍니다

Please welcome our guest speaker. 초청 연사를 환영해 주시기 바랍니다.

122 **I will be talking about...** ~에 대해 말씀드리겠습니다

I will be talking about the business outlook for next year.
내년 사업 전망에 대해 말씀드리겠습니다.

123 **My presentation is aimed at...** 제 프레젠테이션은 ~를 대상으로 합니다

My presentation is aimed at females in their 30s.
제 프레젠테이션은 30대 여성을 대상으로 합니다.

124 **Representing my company...** 저희 회사를 대표해서 ~

Representing my company, I'd like to welcome you to the event.
저희 회사를 대표해서 행사에 오신 여러분을 환영합니다.

125 **Feel free to...** 편하게 ~해 주세요

Feel free to ask a question. 편하게 질문해 주세요.

126 **I will begin by...** ~하는 것으로 시작하겠습니다

I will begin by introducing the project objectives.
프로젝트 목표를 소개하는 것으로 시작하겠습니다.

127 **Do you happen to know...?** 혹시 ~를 아시나요?

Do you happen to know what the Internet of Things is?
혹시 사물인터넷이 무엇인지 아시나요?

128 **As you all know...** 모두 아시다시피 ~

As you all know, the price of oil may go up further.
모두 아시다시피 유가는 더 상승할지 모릅니다.

129 **I will speak for...** ~ 동안 말씀드리겠습니다

I will speak for around 20 minutes. 약 20분 동안 말씀드리겠습니다.

130 **My presentation consists of...** 제 발표는 ~로 구성되어 있습니다

My presentation consists of the following three parts.
제 발표는 다음 세 부분으로 구성되어 있습니다.

131 **Firstly, I will talk about...** 먼저 ~에 대해 말씀드리겠습니다

Firstly, I will talk about the most popular design.
먼저 가장 인기 있는 디자인에 대해 말씀드리겠습니다.

132 **That's all I want to say about...** 이것으로 ~에 대한 제 발표를 마치겠습니다

That's all I want to say about our competitors.
이것으로 경쟁사에 대한 제 발표를 마치겠습니다.

133 **Now I will pass you over to...** 이제 ~에게 순서를 넘기겠습니다

Now I will pass you over to Dr. Oakley. 이제 오클리 박사님께 순서를 넘기겠습니다.

134 **I'd now like to look at...** 이제 ~를 살펴보겠습니다

I'd now like to look at the Asian market. 이제 아시아 시장을 살펴보겠습니다.

135 **I'd like to return to...** ~로 다시 돌아가겠습니다

I'd like to return to the previous slide. 이전 슬라이드로 다시 돌아가겠습니다.

136 **I'd like to talk more about...** ~에 대해 조금 더 말씀드리겠습니다

I'd like to talk more about the overseas markets.
해외 시장에 대해 조금 더 말씀드리겠습니다.

137 **If I could digress for a moment,...** 잠시 주제를 바꿔 ~

If I could digress for a moment, I'd like to explain more about the overseas market. 잠시 주제를 바꿔, 해외 시장에 대해 조금 더 설명 드리겠습니다.

138 **Simply put,...** 간단히 말하자면 ~

Simply put, consumers are getting smarter.
간단히 말하자면 소비자들은 점점 현명해지고 있습니다.

139 **To illustrate my point, I have...** 제 주장을 설명하기 위해 ~를 준비했습니다

To illustrate my point, I have two short video clips.
제 주장을 설명하기 위해, 짧은 영상 두 개를 준비했습니다.

140 **Please take a closer look at...** ~를 자세히 봐 주시기 바랍니다

Please take a closer look at the graph. 이 그래프를 자세히 봐 주시기 바랍니다.

141 **According to the graph,...** 그래프에 의하면 ~

According to the graph, you can see the sales performance.
그래프에 의하면 판매 실적을 보실 수 있습니다.

142 **The diagram explains...** 이 도표는 ~를 나타내고 있습니다

The diagram explains the importance of advertising.
이 도표는 광고의 중요성을 나타내고 있습니다.

143 **The line indicates...** 이 선은 ~를 나타냅니다

The line indicates the total cost of raw materials.
이 선은 원자재의 총 가격을 나타냅니다.

144 **In the table below,...** 아래 표를 보시면 ~

In the table below, you can see the net sales amount by quarters.
아래 표를 보시면 분기별 순 매출액을 아실 수 있습니다.

145 **Research tells us that...** 연구에 따르면 ~

Research tells us that more people enjoy shopping online.
연구에 따르면 점점 더 많은 사람들이 온라인 쇼핑을 즐기고 있습니다.

146 **I'd like to remind you of...** ~를 다시 알려 드립니다

I'd like to remind you of today's agenda. 오늘의 안건을 다시 알려 드립니다.

147 **The following is a digest of...** 다음은 ~의 요약입니다

The following is a digest of consumer trend in the market.
다음은 시장에서의 소비자 동향에 대한 요약입니다.

148 **I'd like to summarize...** ~를 요약하겠습니다

I'd like to summarize the features of the new design.
새로운 디자인의 특징을 요약하겠습니다.

149 **Don't hesitate to...** 주저하지 말고 ~해 주세요

Don't hesitate to ask questions. 주저하지 말고 질문해 주세요.

150 **Thank you for...** ~해 주셔서 감사합니다

Thank you for the question. 질문해 주셔서 감사합니다.

151 **As mentioned before,...** 앞서 말씀드렸던 것처럼 ~

As mentioned before, we should expand our markets.
앞서 말씀드렸던 것처럼 우리는 시장을 확장해야 합니다.

152 **By the same token,...** 같은 이유로 ~

By the same token, it's better late than never.
같은 이유로 늦더라도 아예 안 하는 것보다 낫습니다.

153 **I'd like to finish off with...** 마지막으로 ~를 말씀드리겠습니다

I'd like to finish off with a couple of good cases.
마지막으로 두 가지 좋은 사례를 말씀드리겠습니다.

154 **In conclusion,...** 끝으로 ~

In conclusion, I'd like to quote my favorite proverb.
끝으로 제가 좋아하는 속담을 인용하겠습니다.

155 **Don't forget that...** ~를 명심하시기 바랍니다

Don't forget that markets do not wait for us.
시장은 우리를 기다리지 않는다는 점을 명심하시기 바랍니다.

156 **Did you enjoy...?** ~는 재미있었어요?

Did you enjoy the party? 파티는 재미있었어요?

157 **I like...** ~가 맘에 드네요

I like your dress shirt. 와이셔츠가 맘에 드네요.

158 **Do you have time for...?** ~할 시간 있어요?

Do you have time for a short talk? 잠깐 얘기 나눌 시간 있어요?

159 **Let's go for...** ~하러 가시죠

Let's go for lunch. 점심 식사 하러 가시죠.

160 **What a...!** 정말 ~하네요!

What a long meeting! 정말 긴 회의네요!

161 **Excuse me, but...** 실례합니다만 ~

Excuse me, but can you help me with this file?
실례합니다만 이 파일 좀 도와주실래요?

162 **I need more time for...** ~할 시간이 더 필요해요

I need more time for the assignment. 과제 할 시간이 더 필요해요.

163 **I'm tied up with...** ~때문에 몹시 바빠요

I'm tied up with foreign customers all day.
하루 종일 해외 고객들 때문에 몹시 바빠요.

164 **I'm under pressure to...** ~하느라 압박을 받고 있어요

I'm under pressure to meet the deadline. 마감일을 맞추느라 압박을 받고 있어요.

165 **I have piles of work to...** ~할 일이 산더미처럼 많아요

I have piles of work to finish today. 오늘 끝내야 할 일이 산더미처럼 많아요.

166 **I would gladly...** 기꺼이 ~하겠습니다

I would gladly help you with anything. 기꺼이 어떤 일이든지 돕겠습니다.

167 **Would you mind -ing?** ~해 주시겠습니까?

Would you mind helping me with the presentation file?
발표 원고 작업을 좀 도와주시겠습니까?

168 **It is urgent to...** ~하는 것이 시급합니다

It is urgent to revise the sales plan for next year.
내년 판매 계획을 수정하는 것이 시급합니다.

169 **Could you xerox...?** ~를 복사해 주시겠어요?

Could you xerox this document? 이 문서를 복사해 주시겠어요?

170 **Please send the document by...** 문서를 ~로 보내 주세요

Please send the document by fax. 문서를 팩스로 보내 주세요.

171 **Please finalize...** ~를 마무리해 주세요

Please finalize your order by today. 오늘까지 주문을 마무리해 주세요.

172 **Keep in mind...** ~를 명심하세요

Keep in mind what I told you. 제가 말한 것을 명심하세요.

173 **Make a mental note of...** ~를 잘 기억하세요

Make a mental note of the deadline. 기한을 잘 기억하세요.

174 **When is the deadline for...?** ~의 기한이 언제인가요?

When is the deadline for submitting an application?
신청서 제출 기한이 언제인가요?

175 **May I cut in line because...?** ~ 때문에 그러는데 제가 먼저 해도 될까요?

May I cut in line because I'm very late for a meeting?
회의에 늦어서 그러는데 제가 먼저 해도 될까요?

176 **May I borrow...?** ~ 좀 빌려도 될까요?

May I borrow your pencil? 연필 좀 빌려도 될까요?

177 **...has broken** ~가 고장 났어요

The photocopier has broken. 복사기가 고장 났어요.

178 **We have a problem with...** ~에 문제가 생겼어요

We have a problem with the fax machine. 팩스기에 문제가 생겼어요.

179 **We're short of...** ~가 부족해요

We're short of time at the moment. 지금 시간이 부족해요.

180 **Is...available?** ~를 쓸 수 있나요?

Is the copy machine available in your office?
당신 사무실의 복사기를 쓸 수 있나요?

181 **It is under the name of...** ~ 이름으로 되어 있어요

It is under the name of Junho Park. 박준호 이름으로 되어 있어요.

182 **I have...to carry on** ~는 직접 들고 갈 겁니다

I have one backpack to carry on. 배낭 하나는 직접 들고 갈 겁니다.

183 **Could you get me...?** ~를 줄 수 있나요?

Could you get me a window seat? 창가 쪽 자리를 줄 수 있나요?

184 **The purpose of my visit...** 방문 목적은 ~입니다

The purpose of my visit is business. 방문 목적은 사업입니다.

185 **How long...?** 얼마나 ~입니까?

How long are you planning to stay? 얼마나 머무실 계획입니까?

186 **For which..., please?** ~는 어느 것으로 할까요?

For which day and time, please? 날짜와 시간은 언제로 할까요?

187 **Could you bring me...?** ~ 좀 가져다 주실래요?

Could you bring me more towels? 수건을 더 가져다 주실래요?

188 **Something's wrong with...** ~에 문제가 있어요

Something's wrong with the air conditioner. 에어컨에 문제가 있어요.

189 **How do I get to...?** ~로 어떻게 가면 되나요?

How do I get to the airport? 공항으로 어떻게 가면 되나요?

190 **I am looking for...** ~를 찾고 있어요

I am looking for a bank. 은행을 찾고 있어요.

191 **How far is...from here?** ~는 여기서 거리가 얼마나 되나요?

How far is the train station from here? 기차역은 여기서 거리가 얼마나 되나요?

192 **Is there...around here?** 근처에 ~가 있나요?

Is there a drugstore around here? 근처에 약국이 있나요?

193 **Could you send a taxi to...?** ~로 택시를 보내 주시겠어요?

Could you send a taxi to the Prado Hotel? 프라도 호텔로 택시를 보내 주시겠어요?

194 **I'd like..., please** ~ 주세요

I'd like a cheeseburger, please. 치즈버거 하나 주세요.

195 **Would you like to try...?** ~를 드셔 보시겠어요?

Would you like to try our chocolate milkshake?
초콜릿 밀크쉐이크를 드셔 보시겠어요?

196 **Can I get more..., please?** ~를 더 주시겠어요?

Can I get more water, please? 물을 더 주시겠어요?

Appendix 279

197 **Do you sell...?** (상점에서) ~ 있나요?

Do you sell perfume for men? (상점에서) 남성용 향수 있나요?

198 **I'd prefer it in a different...** 다른 ~인 것이 더 좋겠어요

I'd prefer it in a different color. 다른 색상인 것이 더 좋겠어요.

199 **That comes to..., please** 다 합쳐서 ~입니다

That comes to 120 dollars, please. 다 합쳐서 120달러입니다.

200 **I'll pay by...** ~로 지불하겠습니다

I'll pay by card. 카드로 지불하겠습니다.